# essentials

Essentials liefern aktuelles Wissen in konzentrierter Form. Die Essenz dessen, worauf es als „State-of-the-Art" in der gegenwärtigen Fachdiskussion oder in der Praxis ankommt. Essentials informieren schnell, unkompliziert und verständlich

- als Einführung in ein aktuelles Thema aus Ihrem Fachgebiet
- als Einstieg in ein für Sie noch unbekanntes Themenfeld
- als Einblick, um zum Thema mitreden zu können.

Die Bücher in elektronischer und gedruckter Form bringen das Expertenwissen von Springer-Fachautoren kompakt zur Darstellung. Sie sind besonders für die Nutzung als eBook auf Tablet-PCs, eBook-Readern und Smartphones geeignet.

Essentials: Wissensbausteine aus Wirtschaft und Gesellschaft, Medizin, Psychologie und Gesundheitsberufen, Technik und Naturwissenschaften. Von renommierten Autoren der Verlagsmarken Springer Gabler, Springer VS, Springer Medizin, Springer Spektrum, Springer Vieweg und Springer Psychologie.

Wolfgang Vieweg

# Management in Komplexität und Unsicherheit

## Für agile Manager

 Springer

Wolfgang Vieweg
Bad Kreuznach
Deutschland

ISSN 2197-6708          ISSN 2197-6716 (electronic)
essentials
ISBN 978-3-658-08249-9          ISBN 978-3-658-08250-5 (eBook)
DOI 10.1007/978-3-658-08250-5

Die Deutsche Nationalbibliothek verzeichnet diese Publikation in der Deutschen Nationalbiblio-
grafie; detaillierte bibliografische Daten sind im Internet über http://dnb.d-nb.de abrufbar.

Springer

Gedruckt auf säurefreiem und chlorfrei gebleichtem Papier

Springer Fachmedien Wiesbaden ist Teil der Fachverlagsgruppe Springer Science+Business
Media (www.springer.com)

# Was Sie in diesem Essential finden können

- Eine fundamentale Kritik am etablierten Zielmanagement und ein Blick auf sich fundamental wandelnde Managementmethoden
- Ein Plädoyer für ein Management von Möglichkeiten und Chancen
- Eine Einführung in das Optionsdenken und Optionsmanagement
- Beispiele von neuen, agilen Arbeitsmethoden
- Veränderungen im Führungsstil als Folge einer agilen Weltsicht

# Vorwort

Dieses Essential, das Ihnen eine bereits angenehme Reise zusätzlich noch etwas anreichern möge, behandelt ein Thema, das die aktuelle Diskussion über zeitgemäße Managementmethoden beherrscht. Es geht um die fundamentale Frage, wie Management in komplexer, volatiler und mithin unsicherer Umgebung nachhaltig erfolgreich sein kann. Warum versagen die herkömmlichen Ansätze? Und was sichert zukünftigen Erfolg? – Wo kommen wir her? Wo gehen wir hin …?

Das vorliegende Essential basiert im Wesentlichen auf zwei meiner vorausgegangenen Bücher:

* Erfolg durch Management by Options (Vieweg 2003) und
* Free Odysseus. Management by Options. Eine Technik des Chancenmanagement (Vieweg 2013).

Sie sind im Begriff, einen Text zu lesen, der weit über einen schlichten Ratgeber hinausgeht. Wir rütteln vielmehr an den etablierten Grundfesten des Management – Rütteln Sie mit!

# Inhaltsverzeichnis

# Einleitung

1

## 1.1 Es ist, wie es ist!

Wenn man ein ‚gelungenes Leben' führen, vor allem wenn man als Manager erfolgreich sein und bleiben will, muss man Realist sein; vielleicht mit einer kleinen Prise Optimismus. Man muss dem Leben, den Dingen fest in die Augen schauen, darf sich nichts vormachen und nichts vormachen lassen. Was man alles haben und erreichen möchte und wie alles sein sollte, ist schön und gut, aber letztlich belanglos. Maßgeblich für den Erfolg sowohl im persönlich-privaten als auch im beruflich-geschäftlichen Bereich ist der klare, unverstellte Blick. Man muss lernen, man muss ein Gefühl dafür entwickeln, was weiterhelfen oder was einen in seinem Agieren behindern könnte.

Allzu schnell sind Erwartungen und Vorstellungen im Spiel, die man vom Leben und vom Erfolg hat. Hoffnungen und Wünsche beeinflussen unser Denken und Handeln. Das ist im Allgemeinen nett, aber weitgehend unproduktiv, und es ist bisweilen sogar gefährlich, weil wir uns gerne durch diese sympathische Welt unserer Gedanken verleiten lassen. Wir heben ab vom Boden der Tatsachen. Wir entwerfen kühne Visionen und verlieben uns in diese luftigen Produkte unserer Vorstellungswelt. Wir glauben an unsere Vision und leben sie. Wir entwickeln Strategien, wir setzen Ziele und Teilziele, um unsere Vision zu befördern und lassen uns von unseren Zielen antreiben. Der Weg zum Ziel ist mit Leitbildern, Fixsternen und Meilensteinen gepflastert. Ziele motivieren und scheinen unserem Leben, unseren Aktivitäten Sinn zu geben.

Altkanzler *Schmidt* sagt aber: *„Wer Visionen hat, der soll zum Arzt gehen!"* Denn ganz schnell sitzt man auf dem falschen Pferd und merkt es gar nicht. Das

© Springer Fachmedien Wiesbaden 2015
W. Vieweg, *Management in Komplexität und Unsicherheit,* essentials,
DOI 10.1007/978-3-658-08250-5_1

ist nicht sonderlich schlimm, wenn eine solche falsche Vorstellung nur einen selbst trifft, aber wenn von unseren falschen Einschätzungen andere Menschen, Unternehmen, Organisationen, Institutionen und/oder ganze Staaten betroffen sind, kann es fatal werden. Deshalb ist der süße Sirenengesang grundsätzlich mit äußerster Vorsicht zu genießen.

Und dass man auf dem falschen Pferd sitzt, kann leicht passieren, denn wir leben und agieren in einer Welt, die wir – in letzter Konsequenz – weder verstehen noch beherrschen, auch nicht zuverlässig prognostizieren können. Wissenschaftlicher Fortschritt führt zwar zu fortschreitend besserem Verstehen, aber wirft zugleich regelmäßig neue, weiterführende Fragen auf. Unser Agieren (Tun und Unterlassen) hat immer irgendwelche nicht-absichtsgeleiteten Nebenwirkungen (*Sir Karl Raimund Popper*, 1902–1994). Kollateralschäden, auch -chancen. Das sind alles keine neuen Erkenntnisse, aber wir müssen anerkennen, dass unsere Welt komplex, volatil und dadurch unsicher ist, weshalb wir mit auftrumpfenden Visionen und markigen Zielen grundsätzlich skeptisch umgehen sollten. Das Risiko besteht, dass wir, weil wir das alles nicht restlos verstehen und beherrschen, uns letztlich in die falsche Richtung bewegen, uns verrennen und schließlich wie die Lemminge untergehen. Es kann natürlich auch gut gehen, aber das beweist nichts.

# Was ist ‚*Erfolg*'?

**2**

In diesem Essential geht es um nichts Geringeres als den Erfolg, den jeder anstrebt. Was gibt uns die richtige Wegweisung? Was sichert uns den Erfolg? Was ist eigentlich ‚*Erfolg*'? ‚*Erfolg*', obwohl ihn jeder – auf seine Weise – will, ist als Phänomen noch gar nicht richtig durchdacht, geschweige denn erforscht. Erfolg hat man … oder eben nicht. In den letzten Jahren hat sich eine ‚*Glücksforschung*' ausgebildet, aber von einer wissenschaftlichen Befassung mit ‚*Erfolg*' habe ich noch nichts gehört. ‚*Erfolg*' scheint allein das Objekt mehr oder weniger seriöser Erfolgstrainer zu sein.

In den Unternehmen scheint es ganz einfach: Unternehmenserfolg wird im Rechnungswesen schlicht mit „*Ertrag minus Aufwand*" definiert und als ‚*Gewinn*' oder als ‚*Verlust*' bezeichnet, je nachdem. So einfach ist das. Erfolg – generell – ist aber schwer zu fassen, zumal Erfolg relativ ist, denn, was man als Erfolg ansieht, hängt von vielen Begleitumständen und Nebenbedingungen ab. Das Gesamtpaket muss stimmen. Es ist schwierig, eine geschlossene Definition von ‚*Erfolg*' anzugeben. Selbst *Wikipedia* kommt nicht so richtig auf den Punkt. Die Standarddefinition

▶ **Erfolg = Das Erreichen selbstgesteckter** (oder oktroyierter) **Ziele**

findet man indes überall. Die Standarddefinition verweist auf den Zielsetzungsprozess und macht von daher Schwierigkeiten, denn wenn wir bereits den falschen Zielen hinterher laufen und wenn dann noch die Zielrealisierung nicht ohne Haken und Ösen vonstattengeht, dann ist auch der Erfolg sehr schnell gefährdet. Hierin könnte ein gewisses Problem liegen …

© Springer Fachmedien Wiesbaden 2015
W. Vieweg, *Management in Komplexität und Unsicherheit*, essentials,
DOI 10.1007/978-3-658-08250-5_2

Dass unsere Ziele unseren Erfolg definieren, das kann man so sehen. Damit läuft man aber methodenbedingt in all die Probleme, die mit dem Setzen von Zielen und einer Steuerung an Hand von Zielen einhergehen. Wenn wir unsere Erfolge an unseren Zielen festmachen, dann begrenzt das Set unserer Ziele unseren Erfolg. Dabei limitieren die Ziele nicht nur den Erfolg, sondern lenken ihn auch in bestimmte Bereiche und bugsieren den Erfolg aus anderen Bereichen heraus, wodurch man sich bestimmte Chancen – meist unbewusst – abschneidet. Warum eigentlich?

Erfolg ist ein ersehntes, wie auch äußerst rares Gut. Wenn man Erfolg will, dann sollte man gleich – ganz unbescheiden – den größtmöglichen Erfolg anvisieren und nicht einen durch die Auswahl der Ziele irgendwie beschnittenen Erfolg. Der größtmögliche Erfolg bestimmt sich aber nicht durch den Kranz der gesetzten Ziele sondern durch die Menge der Möglichkeiten, die man hat, und zwar derjenigen Möglichkeiten, die einen erhalten und/oder voranbringen. Erfolg lässt sich somit auch wie folgt definieren:

> **Erfolg = Das Nutzen von Chancen**

Mehr als seine Chancen (positive Möglichkeiten) zu verwerten, geht eh nicht. Aber das sollte man auch fordern. Immer schlecht ist hingegen, wenn jemand hinter seinen Möglichkeiten zurückbleibt. Heutzutage und mehr noch in der Zukunft, wird man alles noch mehr ausreizen müssen, um in die Spitzengruppe aufsteigen und dort bestehen zu können. Der Trend, immer alle Möglichkeiten auszufahren, wird sich verstärken. Allein die Möglichkeiten, die wir haben, definieren unsere Grenzen. Gegebenenfalls müssen wir uns kreativ/innovativ zusätzliche Möglichkeiten schaffen und eröffnen.

Das Lebensunternehmertum ist das Leitbild der Zukunft (Opaschowski 2006). In einer Multioptionsgesellschaft (Gross 1994), in der die Menschen in der Vielfalt der Optionen und Angebote zu ertrinken drohen, in der es keine gottgegebenen Prinzipien und kaum noch eine staatliche Weisungskultur gibt, ist der autonome, ‚flexible' Mensch (Sennett 1998) in allen Lebensbereichen gefordert. Wenn alles machbar, wählbar und erreichbar scheint, wird es geradezu unverzichtbar, dass es Lebensunternehmer gibt, die ‚ihren' Weg finden und gehen (Opaschowski 2006). Den Lebensunternehmern gehört der Erfolg, indem sie sich vergewissern, welche Möglichkeiten das Leben bietet (Reitmeyer 2008), und so glücklich werden (Ernst 1997). Aber der Weg zum Erfolg ist sehr oft kein gerader. Das heißt, hierbei sind Strukturen zu unterstellen, die in aller Regel nicht dem unilinearen Schema von Zielsetzung-Zielerreichung-Erfolg entsprechen. Erfolg scheint sich seinen Weg selbst zu suchen, auch um viele Ecken herum. Hierbei geht es um das Finden gangbarer, möglicher Wege.

Verschärfend kommt hinzu, dass schnelle Erfolge tückisch sind, denn – vor allem der frühe – Erfolg ist nicht selten der größte Feind des Erfolgs. Merke: Nur nachhaltiger Erfolg ist wirklicher Erfolg.

## 2.1 Der mechanistisch-deterministische Ansatz

Wir verstehen die Welt als eine Art Uhrwerk, das jemand vor langer Zeit aufgezogen hat und das jetzt nach den ehernen Gesetzen der Natur abläuft. Wir staunen über die Präzision, mit der sich große Himmelskörper, Sterne und Galaxien umeinander bewegen und stellen unsere Uhren nach der Sonne – seit geraumer Zeit nach irgendwelchen schwingenden Prozessen in den kleinsten Elementarteilchen. Das Große wie auch das Kleine scheint von der gleichen Mechanik durchdrungen.

Das mechanistische Denken haben wir auch auf unser Leben selbst übertragen und geradezu internalisiert. Dieselbe kleinteilige und kausale Vorgehensweise fand auch Eingang, als sich die Menschen im Zuge der fortschreitenden Industrialisierung am Anfang des 20. Jahrhundert begannen, mit Organisationen und mit Management zu befassen. Das *Scientific Management* von *Taylor* (1856–1915) trägt klar die Handschrift eines Ingenieurs. Bis hin zu dem Zitat „*Was man nicht messen kann, kann man nicht managen*", das *Drucker* (1909–2005), dem Begründer des *Management by Objectives* (Zielmanagement) und dem ideologischen Vorvater des Controlling, zugeschrieben wird, führt eine direkte Linie.

Im Laufe der Jahrzehnte haben sich Betriebswirte und Manager auf dieser Basis eine Menge an Rechen- und Optimierungsverfahren zurechtgelegt. Es gibt zahllose Tools, gesammelt in entsprechenden Werkzeugkisten. Jeder Studierende der Betriebswirtschaftslehre weiß, dass auch die so genannten *Soft-Skills* für den angepeilten Erfolg nicht ganz unwichtig sind, aber auch diese werden in Charts, Merksätzen und Synopsen verabreicht. Wer sich das alles draufgeschafft hat, der ist nicht schlecht, aber deswegen noch lange nicht gut!

## 2.2 Konstrukte in der mechanistisch-deterministischen Welt

Man spürt die Tendenz: Die Betriebswirtschafts- und Managementlehre wären gerne eine ‚richtige', harte Wissenschaft, wie z. B. die Physik, mit eigenen Naturkonstanten, mit viel Mathematik und mit Experimenten im Labor und draußen in der Welt. Alles, was einen Kaufmann und einen Manager umtreibt, möchte man nicht nur behavioristisch und situativ erklären, sondern rechnend und messend ergründen, mit beeindruckenden Theorien beschreiben und schließlich in prägnante Formeln pressen können – am liebsten hätte man auch so etwas wie $E = m\,c^2$.

## 2.3  Systeme, Kausalitäten und die Grenze der Modellrationalität

Systeme sind Ergebnisse von Abstraktionen. Jedes System wird zu einer Entität durch seine Grenze, durch die eindeutig gesagt werden kann, was zum betreffenden System dazugehört (und was nicht). Ein System kann über seine Systemgrenze hinweg mit seiner Umwelt kommunizieren (‚offenes' System) oder nicht (‚geschlossenes' System). Das System besteht aus endlich vielen Elementen, die miteinander in Beziehung stehen. Ein System ist zunächst ein völlig abstraktes Format. Erst durch den (fortwährenden) Analyse- und Erkenntnisprozess wird ein System strukturell und inhaltlich präzisiert (vgl. Abb. 2.1).

Über die Zwischenstufe eines Systems wird sodann ein reales/empirisches Problem bzw. Interesse mit Hilfe einer (formalen) Sprache in ein simulationsfähiges Modell überführt. Durch die Simulation (anhand eines Gedanken-, Formel-, Sach- oder Computermodells) kann man eruieren, wie die im Modell eingefangene Kausalität reagiert. Man kann ein Gefühl entwickeln, mit welcher Sensitivität sich unter welchen Randbedingungen in welcher Zeit welche Ergebnisse einstellen. Die Modellaussagen werden interpretiert, überführt in ein ggf. umgestaltetes System

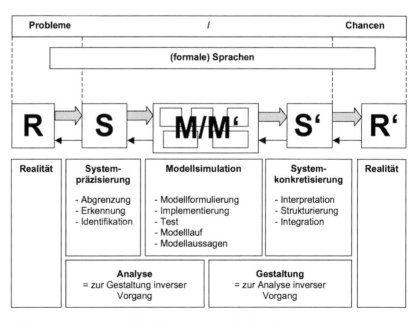

**Abb. 2.1**  Der Analyse- und Gestaltungsprozess R-S-M/Mʻ-Sʻ-Rʻ

S', das dann zur Veränderung der Realität (von R $\Rightarrow$ R') in diese integriert wird, in der Hoffnung, dass man damit sein ursprüngliches Problem gelöst bzw. sein Gestaltungsinteresse näherungsweise befriedigt hat.

Durch diese Vorgehensweise, die wir ständig praktizieren, subjektivieren und erklären wir uns permanent die Welt, wobei wir die Tiefe und Detaillierung unserer analysierenden und gestaltenden Auseinandersetzung mit unserer Welt weitgehend – unter Ausschöpfung unserer individuellen Möglichkeiten – selbst bestimmen. Jeder vereinfacht die Welt auf seine Weise. Dies ist von Fall zu Fall und je nach Anlass, den Anforderungen und den zur Verfügung stehenden intellektuellen und materiellen Ressourcen unterschiedlich. Man kann sich die Welt kompliziert, aber auch weniger kompliziert, d. h. einfach, machen. Egal, das ist der rationale Prozess! In allen Prozessdurchläufen wird aber immer nur ein Teil der Welt herauspräpariert und in die Analyse und in den Gestaltungsvorgang einbezogen. Insofern ist es nicht verwunderlich, dass sich bei allem Tun und Unterlassen auch Phänomene einstellen, mit denen man (rational) nicht gerechnet hat (z. B. nichtabsichtsgeleitete Nebenwirkungen; s. o.). Man hatte diese Zusammenhänge einfach nicht auf dem Schirm! Das heißt, dass wir die Welt, in der wir leben und unseren Geschäften nachgehen, nie in ihrer vollen Komplexität betrachten, sondern die real gegebene Komplexität immer im *Luhmann*'schen Sinne reduzieren (Luhmann 1984). Wir können uns zwar auf eine Erfassung dieser Totalkomplexität zubewegen, aber wir können nicht wirklich ein Abstands- oder Fortschrittsmaß definieren, das uns den außer Acht gelassenen, infolge unserer Abstraktion ausgeblendeten „Rest" der Totalkomplexität angibt. Je nach dem Aufwand, den wir im Einzelfall getrieben haben, werden wir über das, was uns bewegt bzw. an dem wir arbeiten, weniger oder mehr wissen, aber es bleibt stets ein unbekanntes Quantum dessen, was wir nicht wissen (Zeuch 2007). Durch eine pluralistische, unvoreingenommene Vorgehensweise und durch intersubjektive Zusammenarbeit (Team, *Diversity*) lassen sich die Wissenspotenziale weitgehend ausschöpfen – trotzdem bleibt eine Grenze, die für unser Erkennen, Entscheiden und Handeln (… und deren Negationen) ein nicht zu ignorierendes Faktum darstellt.

## 2.4 Arbeiten mit Modellen (präskriptiver Ansatz)

Ein immer wichtiger werdender Bereich im *Komplizierheits*management ist die Simulation (Bauer und Vieweg 1980). Dies sind neben Rollen- und Planspielen immer öfter Computerprogramme, die komplizierte Unternehmenssituationen nachbilden. Dadurch wird dem Unternehmen ermöglicht, in hoher Annäherung an die Realität verschiedene Entwicklungen durchzuspielen (Szenario-Technik) und

darauf hin zu planen und zu lernen (organisationales Lernen). Die Planungsinten-
tion steht dabei nicht im Vordergrund. Es geht mehr um *What-if*-Analysen sowie
*Forecasts*, d. h. Extrapolationen auf der Grundlage bestimmter Modellannahmen
und Folgenabschätzungen. Businesspläne sind typische Vertreter solcher hochge-
rechneten Tabellenkalkulationen, meist anlässlich einer Unternehmensgründung,
einer Unternehmenserweiterung und zur Beantragung von Fördermitteln und/oder
Krediten. Hierbei wird – i. d. R. abgezinst – die mutmaßliche Ergebnis- und Li-
quiditätsentwicklung eines neuen bzw. geänderten Geschäftsmodells aufgezeigt.
Aber Vorsicht: Jedermann weiß, dass bei aller an den Tag gelegten Redlichkeit nir-
gendwo so viel ‚gemogelt' wird, wie in solchen (scheingenauen) Businessplänen.
EXCEL ist geduldig, das wissen auch die Kreditgeber …

## 2.5  Ziele und Zielmanagement

Ziele sind Mittel zum Zweck und obendrein etwas Allgegenwärtiges und ganz All-
tägliches. Ziele sind eine gefühlte Selbstverständlichkeit. Jeder glaubt, eine klare
Vorstellung von dem zu haben, was ‚*Ziele*' sind, wie Ziele funktionieren und wie
wir mit Hilfe von Zielen unser Leben und unser Arbeiten strukturieren und gestalten.

Ziele sind – landläufig – angestrebte, gewünschte Zustände. Ziele bezeichnen
das, auf was man sich zubewegen will, was erreicht werden soll. Ganz selbstverständlich setzen wir uns Ziele und marschieren los, bis … das ist alles nichts Be-
sonderes.

Das Konstrukt der Ziele und der Wirkzusammenhang zwischen Zielen und Erfolg werden gemeinhin, weil alles so selbstverständlich scheint, kaum thematisiert.
Im Vordergrund einer ohnehin nur spärlichen (empirischen) Zielforschung steht
die geradezu verbissene Suche nach den inhaltlich ‚*richtigen*' Zielen, nach Zielen,
die am schnellsten mit dem kleinsten Aufwand das beste Ergebnis bringen. Reich,
schön und glücklich, ohne sich groß anzustrengen. Da sich aber Menschen wie
auch Organisationen ständig in sehr unterschiedlichen Situationen befinden, kann
über die Ziele von Menschen und Organisationen nur bedingt Allgemeines gesagt
werden. Mithin hantieren wir mit einem fundamentalen Konstrukt, das nicht richtig erforscht, nicht richtig abgeklärt ist, das noch nicht einmal wirklich auf der
Forschungsagenda steht.

Gleichwohl besteht ein breiter Konsens, dass Ziele den Weg zum Erfolg weisen.
Ohne Ziel kein rationales Handeln, kein Erfolg. Ohne Ziel ist alles nur Schicksal,
nur Zufall. Ziele, damit sie ihre erfolgsweisende Funktion entfalten können, müs-

sen bestimmte Anforderungen erfüllen. In der Literatur hat sich dafür das Akronym SMART eingebürgert, Ziele sollten SMART sein (s. wikipedia *SMART*):

S   *S*pecific, significant, simple
M   *M*easurable, motivational, manageable
A   *A*ccepted, achievable, agreed, aspirational
R   *R*easonable, relevant, realistic, resourced
T   *T*ime-bound, timed

Diese hübsche kompakte Liste geforderter Zieleigenschaften ist keineswegs abgeschlossen; sie ließe sich beliebig erweitern. Vor allem, heißt es überall, sollen Ziele ‚realistisch' sein. Sind sie es nicht, dann bringen Ziele nicht den anvisierten Erfolg, vielleicht irgendetwas anderes… Und, wenn es geht, sollten Ziele in jeder relevanten Dimension quantifizierbar sein. Sind sie es nicht, dann sind sie nicht messbar und der Grad der Zielerreichung lässt sich nicht so ohne Weiteres angeben.

Man kann sich ein einzelnes Ziel vornehmen, man kann tief strukturierte Zielhierarchien aufstellen und sich dadurch anleiten lassen. In der Regel stehen finanzielle Unternehmensziele in den Hierarchien obenan. Solche Ziele sind so schön erfassbar, rechenbar und relativ leicht zu analysieren und genießen von daher eine gewisse Präferenz. Eine wesentliche Weiterentwicklung kam Ende der 1990er Jahre durch das neue Konzept der ‚*Balanced Scorecard*' (Kaplan und Norton 1997; Weber und Schäffer 2001). Die *Balanced Scorecard*, die sich in der Praxis weit verbreitet und erfolgreich durchgesetzt hat, arbeitet gleichfalls mit quantifizierten Zielgrößen und auch die finanziellen Ziele stehen weiterhin an der Spitze, denn in den Unternehmen regiert das Geld, aber das Konzept baut immerhin auf mehreren Zielperspektiven auf (vgl. Abb. 2.2):

**Abb. 2.2** Balanced Scorecard nach *Kaplan* und *Norton*

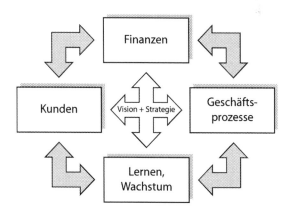

- die *Finanz*perspektive
- die Aspekte der *Geschäftsprozesse*
- die Perspektive *Lernen und Wachstum* sowie
- die *Kunden*aspekte,

die sich um die Unternehmensvision und -strategie gruppieren und auf diese abgestimmt sein sollten. Die *Balanced Scorecard* verkörpert aber weiterhin den herkömmlichen Zielansatz und bietet deswegen nichts grundsätzlich Neues. Der Vorzug dieses Konzeptes besteht darin, dass jetzt der Zielzusammenhang multidimensional gesehen wird und dass die Lücke ( ‚*Gap*') zwischen den strategischen Zielen (bzw. der Vision) und den Zielen auf der ausführenden Ebene miteinander verknüpft und abgestimmt werden. Dadurch bekommt die praktische Zielsetzung – ohne Frage – mehr Bezug zur Realität, aber es werden, wie gehabt, Ziele formuliert, verabschiedet und dann mit vereinten Kräften umgesetzt. Dieser Prozess wird durch das Controlling begleitet, das wie ehedem dafür sorgen soll, die Zielrealisierung budget- und zeitmäßig auf dem Pfad der Tugend zu halten.

Ziele sind zunächst Kommunikationsmittel, die äußerst kompakt – auf den Punkt bringend – darstellen, was gewollt ist. Durch die plakative Form erhalten Ziele eine zusätzliche Autorität, eine apodiktische Durchschlagswirkung, die die latente Widerrede prophylaktisch zurückdrängt, gar nicht erst aufkommen lässt. Man kann Ziele auf Banner malen und in den Werkshallen an den Wänden und Decken aufspannen. Wie man Ziele zur Erlangung bestimmter Ergebnisse einsetzt, hat *Drucker* unter der Bezeichnung ‚*Management by Objectives*' (MbO) ausführlich dargelegt und verbreitet (Drucker 1955, S. 150 ff.).[1]

Ziele sind insofern auch immer unternehmenspolitische Führungsmittel, Instrumente der Macht. Bei der Auseinandersetzung um die ‚richtigen' Ziele und dann bei der Umsetzung der als ‚richtig' propagierten Ziele ist viel organisatorische Macht im Spiel. Macht kann manches forcieren, aber auch als Folge mikropolitischer Grabenkämpfe die Gesamtperformance der betreffenden Organisation gravierend absenken.

Empirische Studien – meist aus den 1970er und 1980er Jahren des letzten Jahrhunderts –, die sich mit dem *Management by Objectives* (Kappler 2004, Sp. 776) befassen, sind eindeutig: *Management by Objectives*, so wurde befunden, steigert die Leistung des Unternehmens, in welchem die Zielmanagement-Methode praktiziert wird. Insofern ist es zunächst einmal ein gutes Konzept. Außerdem suggeriert das Konzept, dass man den Managementprozess im Griff hat. Alles ist hübsch bü-

---

[1] Zur Vorgeschichte des MbO findet man eine kurze Darstellung bei Locke und Latham (1990, S. 14 f.).

rokratisch notiert und jeder Mitarbeitende weiß, woran er ist. Die Unselbständigeren haben ihre Orientierung und die Eigenmächtigen haben ihr Korsett. So wird das Unternehmen in der Spur gehalten. Überraschungen sind nicht eingeplant, planerisch unterstellt man einen Normalbetrieb mit Normalauslastung. Je größer das Unternehmen ist, umso wichtiger sind die alljährlich sorgsam eingezogenen Korsettstangen, damit das Unternehmen vermeintlich nicht auseinanderfällt.

Das *Drucker*'sche Grundprinzip des *,Führens mit Zielen'* (Drucker 1955, S. 113, 150 ff.) ist im Großen und Ganzen unbestritten. In zahlreichen Unternehmen, insbesondere in den stark dezentralisierten, ist dies – angeblich – die einzige Art effektiv und effizient zu führen. Dennoch funktioniert das *Management by Objectives* in der Praxis eher schlecht als recht, meint *Malik* und fragt (Malik 2006, S. 176), woran das liegt? Und *Pfläging* konstatiert an anderer Stelle kritisch, dass Ziele *,maßlos'* überschätzt würden (Pfläging 2010). Es ist unverkennbar: Die Zielmethode ist in die Kritik geraten. – Dem werden wir nachgehen.

Anders als Großunternehmen haben kleine und mittelgroße Unternehmen (KMUs) die Zielmethode kaum ritualisiert. Hier ist vielmehr wichtig, an den nächsten Auftrag zu kommen. Das Setzen von Zielen sowie das Erstellen und Controllen von Budgets ist ihnen alles zu aufwändig. Größere Unternehmen glauben hingegen, sich mit Bürokratie gegen einen vermeintlichen Kontrollverlust schützen zu müssen und zu können.

Erst recht sind Zweifel an der Universalmacht der Zielmethode angebracht, wenn man zur Kenntnis nimmt, dass die von den beiden Psychologen *Locke und Latham* (1990) akribisch aufbereitete *,Goal Setting Theory'* (Zielsetzungstheorie) (Rosenstiel und Nerdinger 2011, S. 94 f.) – anders als dies allgemein zitiert wird – gerade mit Blick auf komplexere Planungs- und Steuerungssituationen sehr praktischen, überaus relevanten Einschränkungen unterliegt. Die beiden Autoren haben zwar eine großartige Arbeit gemacht, aber ihre Befunde dürfen nur mit äußerster Einschränkung zur *,wissenschaftlichen'* Begründung des Zielansatzes in der Managementlehre herangezogen werden. Die Zielmanagement-Methode steht für reale, d. h. komplexe und dynamische Führungssituationen eher auf tönernen Füßen. Von einer empirischen Absicherung der Methode kann überhaupt keine Rede sein. *Locke* und *Latham* weisen in ihrem Werk an diversen Stellen selbst ausdrücklich auf diese Einschränkungen hin und fordern zur wissenschaftlichen Abklärung der Zusammenhänge zwischen Zielen und der erbrachten Leistung bzw. des erlangten Erfolgs weitere ausführliche Forschungen und listen über zwei Seiten Schlüsselfragen (Locke und Latham 1990, S. 333 f.) auf, die noch einer eingehenderen Untersuchung bedürfen (Bungard 2002).

Es konnte auch gar nicht anders sein. Jeder, der schon einmal in einem Unternehmen an einem Planungsprozess (Budgeterstellung) teilgenommen hat, weiß

# Was ist ‚Komplexität'?

**3**

Was die Zielmethode angreifbar macht, ist die überall herrschende ‚Komplexität'. Das Wort ist in aller Munde. Und in Wortverbindungen (Komposita) klingt es immer sehr gescheit. Aber: Was ist es? – Was regelmäßig miteinander vermengt wird, sind die beiden Begriffe ‚*Kompliziertheit*' und ‚*Komplexität*'. Vieles ist ‚kompliziert', aber beileibe nicht ‚komplex'. Umgangssprachlich und auch fachsprachlich werden beide Begriffe oft synonym verwendet, aber es ist im vorliegenden Zusammenhang schon wichtig, hier genau zu unterscheiden (Snowden und Boone 2007, S. 34).

## 3.1 Kompliziertheit

‚Kompliziertheit' ist im Wesentlichen ein quantitativer Aspekt: Hier kann man bzw. könnte man grundsätzlich zählen, messen und/oder wiegen. Wenn die Quantitäten ein nur noch schwer beherrschbares Ausmaß annehmen, wird's kompliziert. Wo dabei genau der Übergang liegt, hängt von der Mächtigkeit der verfügbaren Tools ab. Alles, was sich aus einzelnen Bausteinen (Items) und/oder Modulen zusammensetzen lässt, alles, was sich modellhaft nachbilden lässt, alles, was sich in (formalen) Algorithmen erfassen lässt, wird je nach Art und Ausmaß der Verknüpfungen irgendwann ‚kompliziert'. Mit entsprechendem mathematischen Arsenal, mit großer Rechnerleistung und mit *Big Data* kann man im Einzelfall analytisch sehr weit kommen, auf alle Fälle bis in Regionen, die man getrost als ‚kompliziert' apostrophieren darf. Kompliziertes ist – unter Umständen zwar mit gehörigem Aufwand – beherrschbar, d. h. abbild- und simulierbar, oft auch einigermaßen

© Springer Fachmedien Wiesbaden 2015
W. Vieweg, *Management in Komplexität und Unsicherheit*, essentials,
DOI 10.1007/978-3-658-08250-5_3

vorhersagbar und/oder optimierbar (Sargut und McGrath 2011, S. 24 f.; Pfläging 2013, S. 15). Auch *Schoeneberg* (2014a, S. 18) hadert mit den Begriffen. Schließlich unterscheidet er Komplexität „im engeren" (detaillierte Sicht) und „im weiteren Sinne" (ganzheitliche Sicht). Gegenüber komplizierten Systemen ist (Echt-)Komplexes nicht formal beschreibbar und immer wieder gut für Überraschungen. Komplexes kann man beobachten, auch beeinflussen, aber nicht wirklich kontrollieren und prognostizieren. Etwas Komplexes ist etwas Reales, etwas Lebendes. Komplexe Organisationen wie komplizierte Systeme zu behandeln, ist ein fundamentaler Denkfehler oder eine überzogene Vereinfachung, schreibt *Pfläging* (2013, S. 15). Wenn etwas (echt) komplex ist, dann lässt es sich nicht in Elemente zerlegen und mit irgendwelchen Relationen verknüpfen. Sobald eine Systemgrenze gezogen worden ist, wurde eine Entität aus dem Gesamtzusammenhang herausgetrennt. Insofern kann man eigentlich nicht von ‚komplexen' Systemen sprechen; Systeme sind – wegen der vollzogenen Abstraktionen und Identifikationen – *per constructionem* allenfalls ‚kompliziert'; ‚komplex' ist etwas anderes. Insofern können Systemtheoretiker auch eigentlich nicht von einer „*Reduktion der Komplexität*" sprechen; hierbei kann es sich nur um die Reduktion von Kompliziertheit handeln. Es heißt gelegentlich, Komplexitätsmanagement habe die Aufgabe der Komplexitätsreduktion, der Komplexitätsbeherrschung und der Komplexitätsvermeidung i. S. e. Prophylaxe. Mit Hilfe einer entsprechend ausgebauten Prozesskostenrechnung (PKR) kann man versuchen, die die Kompliziertheit eines Geschäfts erhöhenden Variationen und (exotischen) Sonderfälle kostenmäßig („*Komplexitätskosten*"; Zerres 2014, S. 296 f.) zu bewerten. Aber auch in einem derartigen Rechenwerk lassen sich lediglich Kosten einer (endlich) hohen Prozessvielfalt abbilden, also die Kosten einer gewissen Kompliziertheit.

Passend dazu stellt *Pfläging* zutreffend fest, dass Komplexität weder gemanagt, noch reduziert werden kann. Man könne ihr nur mit ‚menschlichem Können' begegnen (Pfläging 2013, S. 16). Noch einmal: Was hier beschrieben ist, ist genau genommen ein Management von komplizierten Sachverhalten, was ja schon anspruchsvoll genug ist. Aber der hier angebrachte Begriff „*Kompliziertheitsmanagement*" klingt einfach nicht schön...

Kompliziertheit äußert sich in Vielzahl und Vielfalt der Elemente und Beziehungen eines zuvor abgegrenzten Systems. Auch die Dynamisierung durch explizite Einführung der Zeit als eine unabhängige Variable und Formulierung rückgekoppelter Strukturen, das Ausweiten eindimensionaler Relationen (die Strecke von A $\Rightarrow$ B bzw. das Denken von hier bis an die Wand) auf geschlossene Rotationen (z. B. der Weg von A $\Rightarrow$ B $\Rightarrow$ C $\Rightarrow$ A) und die Betrachtung von Fraktalen bilden zwar (u. U.) komplizierte Sachverhalte ab, aber keine komplexen. Die Verhältnisse werden auch keineswegs schon deswegen komplex, wenn es nicht-linear zugeht. $x^2$ ist nicht-linear, aber was ist daran ‚komplex‘? Alles das mag uns – umgangssprachlich – ‚komplex‘ scheinen; es ist aber lediglich ‚kompliziert‘.

## 3.2 Komplexität

Komplexität ist, wie bereits dargelegt, keine Eigenschaft abgegrenzter Systeme. Allein die Welt an sich oder das, was wir die ‚Realität‘ nennen, ist wirklich komplex. Das ist Fakt … und daran ändern auch die Menschen mit den ganz hohen Gehältern nichts. Sobald wir in unserer subjektiven Weltbegegnung beginnen zu abstrahieren, heben wir die Komplexität, deren Teil wir sind, aber der wir auch zugleich ausgeliefert sind, auf. Durch den geläufigen Erkenntnisprozess beseitigen wir die Komplexität, die die (amorphe) ‚Realität‘ ausmacht.

Ausprägungen der Komplexität sind nicht allein die *Taleb*’schen „*Schwarzen Schwäne*“ (Taleb 2008). Es ist vor allem das Residuum, das uns verschlossen bleibt, wenn wir mit unseren (stets) begrenzten Kapazitäten und Ressourcen auf die Welt zugehen. Komplexität ist Ganzheitlichkeit – *Das Ganze ist mehr als die Summe seiner Teile!*[1] –, Komplexität ist die Kontingenz, die wir erfahren, und Komplexität äußert sich auch in den Dilemmata und Paradoxien, mit denen wir im Alltag klar kommen müssen. Das Ganze, das Kontingente und das logisch Unmögliche sind praktische Aspekte der Komplexität unserer Welt, in der wir leben und agieren. Wenn wir ‚Komplexität‘ ernst nehmen und wirklich verstehen wollen, müssen wir uns neben all unserem jeweils relevant angehäuften Wissen auch immer – wie ehedem *Sokrates* – unseres Nichtwissens bewusst sein (Zeuch 2007). Trotz des weit verbreiteten Wissensmanagement müssen wir konzedieren, dass unser Nichtwissen in jedem Fall größer ist als all unser Wissen. Und dieses (wortwörtlich: unermessliche) Nichtwissen und der Umgang damit ist für den Erfolg im Leben genauso wichtig wie das, was wir (glauben zu) wissen.

Komplexität lässt sich nicht graduell abstufen. Sie ist nicht skalierbar, nicht komprimierbar und es gibt keinen Komparativ[2]. Komplexität ist binär: *Yes or No*! Deswegen können wir auch mit keiner Methode dieser Welt und mit keinem Aufwand dieser Welt einen glatten Übergang von Kompliziertheit zu Komplexität herstellen. Wir können auch nicht abschätzen, was wir durch unsere Abstraktion bei-

---

[1] geht zurück auf Aristoteles [1].

[2] … oder gar Superlativ. ‚Hochkomplex‘ oder ‚höchstkomplex‘ sind immer wieder gern verwendete Oxymora (laut Duden: Oxymoron = Zusammenstellung zweier sich widersprechender Begriffe in einem Kompositum oder in einer rhetorischen Figur (z. B. bittersüß, Eile mit Weile).

seitegelassen haben; schon gar nicht können wir diese methodenbedingte ‚Lücke' in irgendeiner Hinsicht umreißen und bewerten.

Wem es reicht, der kann gerne weiterhin konventionell (R-S-M/M'-S'-R', s. o. Abb. 2.1) vorgehen, aber in unserer heutigen Zeit kommen wir immer mehr mit der (echten) Komplexität dieser Welt in direkte Berührung ... und es kommt immer mehr auch auf die letzten Spitzfindigkeiten an. Wir befinden uns immer häufiger – eigentlich ständig – in Situationen, die uns überfordern. Die Verhältnisse und Problemstellungen sind unklar, die uns zur Verfügung stehenden Informationen sind unvollständig und der obwaltende Zeitdruck wird immer größer. Ein Multilemma, in dem wir permanent stecken und das wir regelmäßig pragmatisch zu überstehen haben. – Gibt es einen Weg? Offenbar!

Wie gesagt, man kann den Aufwand bis an die Schwelle des Noch-Sinnhaften eskalieren, man wird dadurch aber nicht in den Bereich des (Echt-)Komplexen vorstoßen können. Niemand vermag – obwohl es immer wieder apostrophiert wird – Komplexität wirklich „*in den Griff zu bekommen*". Um trotzdem in einer komplexen und unsicheren Welt bestehen zu können, braucht es grundsätzlich anderer Paradigma und Konstrukte – versuchen wir diese *Sophistikation*[3] ...

Aber nicht nur das Management des Echt-Komplexen fordert uns heraus, sondern auch die (subjektiv) gefühlte Komplexität verlangt gleichfalls nach neuen Herangehensweisen. Immer wenn die Variantenzahl, die Vernetzung und die Änderungsgeschwindigkeit unsere Wahrnehmung und unsere Verarbeitungskapazitäten unserer nicht hinreichend leistungsfähigen und nicht hinreichend ausdifferenzierten Infra- und Entscheidungsstruktur überfordern, versagen die herkömmlichen, i. d. R. ziel-getriebenen, mechanistisch-deterministischen Konzepte: immer häufiger hört man von der „*Komplexitätsfalle*", in der sich die Unternehmen gefangen fühlen. – Ohne Frage, wir müssen neu denken!

---

[3] Laut Duden: *Sophistikation* = Argumentation, durch die eine in Wirklichkeit grundsätzlich unbeweisbare objektive Realität erschlossen werden soll.

# Das Denken nach *Taylor* und *Drucker*

Auch das Weltbild der Physik hat sich nach *Einsteins* Relativitätstheorie(n) (1905 bzw. 1915) und nach Erarbeitung der modernen Quantenphysik geändert. Ungleichungen, Wahrscheinlichkeiten, Statistiken, Unschärfen, Dualitäten und Paradoxien machten sich zunehmend in einer so exakten Wissenschaft wie der Physik breit. Auch wenn es um die Steuerung von Unternehmen geht, erkennen wir immer klarer, dass sich das kausale-unilineare Verständnis nur sehr eingeschränkt eignet. Die Managementlehre befindet sich im Umbruch. Sie ist dabei, sich von dem tief in unseren Köpfen und akademischen Lehrplänen verankerten mechanistisch-deterministischen Denken zu lösen und neue Denkformate und Konstrukte zu entwickeln. Die Managementlehre braucht keine Sorgen zu hegen – siehe das Beispiel der Physik –, dass sie mit einem solchen Paradigmenwechsel das Prädikat der Wissenschaftlichkeit riskieren könnte.

Wir haben in den Unternehmen viel zu lange versucht, mechanistisch exakt die Parameter auf Erfolg zu stellen, um einen quasi-wissenschaftlichen Ansatz für den Managementerfolg zu finden und haben dabei das unternehmerische Moment aus den Augen verloren. Der Manager von heute ist ein glänzend ausgebildeter Mechaniker, nur leider sind Unternehmen keine Dampfmaschinen oder Automobile (Krönung 2005, S. 184). Und so begegnet man heute immer häufiger so genannten Top-Entscheidern, die massiv verunsichert sind, die spüren, dass sie ihr Umfeld, ihren Aufgabenbereich, trotz – oder gerade wegen – des im Allgemeinen hochgerüsteten Methoden- und IT-Arsenals nicht wirklich im Griff haben (Krönung 2005, S. 2).

Dieser Methoden- und Infrastruktur-Rucksack wiegt schwer, für manchen zu schwer. Es ist nicht derjenige ein guter Manager, der regelmäßig solange die

© Springer Fachmedien Wiesbaden 2015
W. Vieweg, *Management in Komplexität und Unsicherheit*, essentials,
DOI 10.1007/978-3-658-08250-5_4

(Stabs-)Abteilungen rotieren und die Computer und Netze glühen lässt, bis er eine vermeintlich optimale Lösung seines Problems generiert hat. Manchmal ist eben weniger mehr, aber auf diesen paradoxen Gedanken kommt man nicht, wenn man quasi ingenieurmäßig an die Welt herantritt und in ihr gleichermaßen als ‚Ingenieur' unterwegs ist.

# Konstrukte in der post-tayloristischen Welt  5

Richtig verstandenes Management, so *Malik*, beginnt überhaupt erst dort, wo keine Quantifizierung mehr möglich ist, unter anderem deshalb, weil die Komplexität zu hoch ist. Dann erst braucht man jene Fähigkeiten, die gute Führungskräfte und Unternehmer auszeichnen, nämlich Erfahrung, Urteilskraft und unternehmerischen Umgang mit Risiken. Solange man quantifizieren kann, genügen einfache, mechanistische Formen von Management (Malik 2006, S. 183, Fußnote 34). *Je wichtiger ein Ziel für ein Unternehmen ist, umso weniger ist es im engeren Sinne quantifizierbar* (Malik 2006, S. 183). Das hat etwas von einer Unschärferelation.

Fakt ist: wir müssen uns der uns umgebenden Komplexität stellen. Reduktion – nach dem Motto: *Simplify your Life!* (Küstenmacher und Seiwert 2006) – ist allenfalls die zweitbeste Option. Ganz in diesem Sinne postulieren Eichen et al. (2005): *Steuern – statt reduzieren!* Komplexität ist keineswegs unser Feind, den es zurückzudrängen und niederzukämpfen gilt. Komplexität ist keine Krankheit oder irgendein Defekt, die man kurieren bzw. den man beheben muss. Wir müssen vielmehr Paradigmen entwickeln, die uns in den Stand setzen, mit Komplexität artgerecht und produktiv umzugehen (vgl. auch Eichen et al. 2005, S. 114, 166). Vielleicht ist Komplexität sogar unser Freund...

Wie kommen wir weiter? Die Veränderung kann nicht an der Oberfläche ansetzen. Sie betrifft die Fundamente unseres Denkens und Herangehens an die Welt, an das Leben und sie ist tiefgreifend.

© Springer Fachmedien Wiesbaden 2015
W. Vieweg, *Management in Komplexität und Unsicherheit*, essentials,
DOI 10.1007/978-3-658-08250-5_5

## 5.1   Relativität und ‚relative' Ziele

Auch im Management werden wir in Zukunft ohne absolute Bezugspunkte aus-
kommen müssen. Nur in sehr drastischen Fällen kann man ‚Pflöcke' einrammen
und lässt sich etwas in Stein meißeln. Auch die alljährlich mit großem Aufwand er-
arbeiteten Budgets verlieren immer mehr ihre dogmatisch-finale Wirkung. Sie be-
halten die Funktion einer nach Vorwärts gewandten, koordinierten Durchdringung
denkmöglicher Zukunfts-Szenarien, verlieren jedoch ihre Steuerungsfunktion. Die
gewohnten, bürokratischen Budgets sind viel zu wenig empathisch, um auch auf
schwache Signale schnell und flexibel reagieren zu können. Die immer wieder ge-
forderten ‚*Frühwarnsysteme*' sind sowieso eine Illusion – sie funktionieren bei der
Tsunami-Warnung, da hierbei die geografischen, die meteorologischen und physi-
kalischen Gegebenheiten rundum bekannt sind und sich daraus die Ausbreitungs-
richtung und -geschwindigkeit einer großen Welle herleiten lässt.

Das *Better Budgeting* und dann nachfolgend das *Beyond Bugeting* (Hope und
Fraser 2003 sowie Pfläging 2003) verzichten teilweise ganz auf herkömmliche
Budgets und die damit verbundene Zahlenschaufelei. Hierbei werden stattdessen
Kompetenzen und Verantwortungen an die Peripherie eines Unternehmens verla-
gert, dorthin, wo die Geschäfte angebahnt und gemacht werden. Nach *Pfläging*
wird sodann durch die Umsetzung von 12 speziellen Führungsprinzipien die Ge-
samtstruktur erfolgreich gesteuert (Pfläging 2006, S. 36 f.; 2009). Konkret empfiehlt *Pfläging* den Einsatz relativer Leistungsverträge und die Verwendung relativer bzw. flexibler Ziele (Pfläging 2006, S. 108 ff.; 2009, S. 139 ff.). Nicht absolute
Zielmarken geben den Weg vor, sondern man bezieht sich in dem, was man erreichen will, auf den Markt, die Branche oder den/die wichtigsten Konkurrenten.
Selbst Wachstumseinbußen oder sogar Defizite können danach einen Erfolg darstellen, wenn man relativ zur Vergleichsbasis immer noch besser abschneidet.

## 5.2   Was sind Möglichkeiten und Chancen?

Schon *Aristoteles* war das Mögliche und waren die Möglichkeiten eine ausgiebige
Betrachtung wert (Aristoteles [2]). Das Mögliche, vor allem in seiner Interaktion
zum Wirklichen hat die großen Philosophen in allen Zeiten beschäftigt (vgl. Kafka
1994, S. 58–65; Borsche 2001). *Bismarck* nannte die Politik ‚die Kunst des Möglichen' und *Max Weber* empfahl, das Mögliche dadurch zu erreichen, indem man
nach dem Unmöglichen greift … (Weber 1919, S. 96)

Bevor man etwas realisieren kann, muss es zumindest möglich gewesen sein.
„*Wunder dauern etwas länger…*!" Vieles muss zusammenpassen und gelingen,

wenn ein Projekt erfolgreich zum Abschluss gebracht werden soll. An der einen oder anderen Stelle wird man auch noch etwas nachhelfen müssen, aber immer wieder mit demselben Kopf gegen dieselbe Wand zu rennen, empfiehlt sich nicht. Insofern wird auch Management zur Kunst des Möglichen, zu einem Agieren – mit Möglichkeitssinn – im Möglichkeitsraum. *Foerster* rät in seinem *‚Ethischen Imperativ'*: *„Handele stets so, dass die Anzahl deiner Wahlmöglichkeiten (sprich: Optionen; Anm. WV) größer wird!"* (Foerster 1973). Vorstände und Geschäftsführer bekommen ihr vieles Geld u. a. dafür, weil sie über das Expertenwissen hinaus über viele erfolgssichernde Möglichkeiten/Optionen (weitere Denkmöglichkeiten, Netzwerk, Erfahrungsschatz etc.) verfügen.

Eine ‚Chance' ist eine als günstig empfundene ‚Wahlmöglichkeit', deren Realisierbarkeit als sehr wahrscheinlich angesehen wird. Zur Konkretisierung und Absicherung einer Chance dient eine korrespondierende Option, die ein Anrecht zur Realisierung der betreffenden Chance darstellt (Vieweg 2013, S 148). Das Wort ‚Chance', obwohl durchaus positiv aufgeladen, wird in der Managementliteratur extrem zurückhaltend benutzt, denn Chancen haftet oft etwas Spekulatives, geradezu Unseriöses an. Allerdings sind die ‚Chancen' im Kommen. *Max Weber* war ein wahrhafter Fan von ‚Chancen' – er liebte das Wort (Weber 1922; Dahrendorf 1979, S. 104: ‚Chancensalat'). *Dahrendorf* hat sich unter Bezug auf *Weber* ausgiebig mit den *‚Lebenschancen'* von Menschen beschäftigt (Dahrendorf 1979, S. 93 ff.) und dabei viel Grundsatzarbeit geleistet. Für ihn sind (Lebens-)Chancen eine Funktion von Optionen und Ligaturen (Dahrendorf 1979, S. 51 ff.). Optionen sind in sozialen Strukturen gegebene Wahlmöglichkeiten, Alternativen des Handelns. Sie sind die je spezifische Kombination von Anrechten und Angebot. Unter *‚Ligaturen'* versteht *Dahrendorf* tiefe kulturelle Bindungen, die Menschen in die Lage versetzen, ihren Weg durch die Welt der Optionen zu finden (Dahrendorf 1992, S. 41). Die *Dahrendorf*'schen Gedanken sollten im Management-Kontext weitergedacht werden, so wie *Gross* mit seiner „*Multioptionsgesellschaft*" (Gross 1994, 2002) und dann sein Schüler *Beyes* in „*Kontingenz und Management*" (Beyes 2003) es getan haben. Auch *Rosa* setzt in seiner „*Beschleunigung*" (Rosa 2005) den Optionsgedanken fort.

## 5.3  Was sind Optionen?

Optionen sind vor allem nichts wirklich Neues. *Aristoteles* berichtete schon über die cleveren Optionsgeschäfte des *Thales von Milet* auf die nächste Olivenernte (zitiert nach wikipedia *Thales* und Taleb 2012, S. 173). Auch die römischen und phönizischen Kaufleute kannten und nutzten Optionen (zitiert nach Internet

**Abb. 5.1** Finanzoption
(Call-Option)

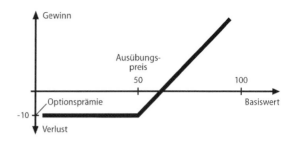

*Finanzen-Sonstige*). Bekannt sind auch die Terminkontrakte und Optionsgeschäfte mit Tulpenzwiebeln und -samen der Holländer im 17. Jahrhundert (wikipedia *Tulpenmanie*).

Seit dem 18. Jahrhundert werden Optionen über den amerikanischen OTC-Markt („*Over the Counter*"; d. h. nicht unter den Bedingungen einer Börse) gehandelt. In Deutschland wurde 1970 der Optionshandel wieder zugelassen (Kneidl und Pfaffinger 1986, S. 18). 1973 begann an der *Chicago Board Options Exchange* (CBOE) der börsennotierte Handel mit Optionen. Finanzoptionen (Aktien-, Zins-, Devisenoptionen etc. – Kauf und Verkauf) sind aufgrund ihres asymmetrischen Chancen-Risiko-Profils (s. Abb. 5.1) nützliche Sicherungsinstrumente – auch spekulative Instrumente mit u. U. riskanter Hebelwirkung – und haben sich im Business-Alltag weltweit durchgesetzt.

Mit Hilfe der *Black&Scholes*[1]-Formel (Black und Scholes 1973) (und anderer Verfahren) kann unter Einsatz anspruchsvoller Finanzmathematik und Finanzstatistik der jeweilige Wert einer Finanzoption errechnet werden. Diese Mathematik findet auch seitdem Anwendung im realwirtschaftlichen Bereich. Immer wenn die Entscheidungsflexibilität im Bewertungskalkül mit berücksichtigt werden soll, geht man vom klassischen Kapitalwert zum Realoptionspreisansatz über (Vollrath 2003). Eine solche (Entscheidungs-)Flexibilität bringt Vorteile, aber kostet eben auch etwas; in einfachen Fällen, wie gesagt, lässt sich das sogar rechnerisch belegen.

Realoptionen sind dabei langlaufende, im Entscheidungsmoment schwer überschaubare Geschäfte, wie z. B. große Infrastrukturinvestitionen, die Entwicklung neuer Pharmaka oder neuer Betriebsysteme, aber auch Aufwendungen in die Erschließung neuer Märkte (Hommel et al. 2001, sowie 2003). *Pritsch* hat schon im Jahr 2000 den instrumentell-rechnerischen Realoptionsansatz konzeptionell

---

[1] Myron Scholes und Robert Merton, der die Optionstheorie maßgeblich weiterentwickelte, erhielten für ihre Arbeiten 1997 den Nobelpreis für Wirtschaft; Fischer Black verstarb 1995.

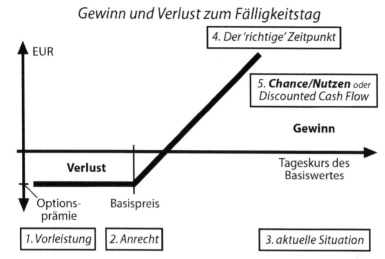

**Abb. 5.2**  Übertragung auf Management-Option

zu einem Management-Modell im Sinne eines „*Options Thinking*" weitergedacht (Pritsch 2000, S. 201 ff., 276–284, insb. S. 283 f. sowie Pritsch und Weber 2001, S. 27). Von einem ähnlichen Befund berichtet *Peske*: „*Neben der Anwendung der Realoptionstheorie zur quantitativen Analyse von Investitionsprojekten wurde in der ... Befragung vielfach auf die Bedeutung des so genannten ‚Options Thinking' hingewiesen"* *(*Amram und Kulatilaka 1999, S. 13 ff., zitiert nach Peske 2002, S. 92).

Im Einzelnen korrespondieren (vgl. Abb. 5.1 und 5.2), s. Tab. 5.1:

**Tab. 5.1**  Begriffe „*Finanzoption*" versus „*Nicht-Finanz-Option*"

| Finanzoption | Nicht-Finanz-Option<br>*Management by Options* |
|---|---|
| Optionsprämie | 1. Vorleistung |
| Basispreis | 2. Anrecht |
| Tageskurs des Basiswertes | 3. Aktuelle Situation |
| Fälligkeitstag | 4. Der *‚richtige'* Zeitpunkt |
| Gewinn/Verlust | 5. Chance/Nutzen, DCF |

(*DCF* Discounted Cash Flow, *PV* Present Value, Barwert)

## 5.4    Das Zusammenspiel zwischen Zielen und Optionen

In welchen Situationen funktionieren Ziele? Wann funktionieren sie nicht? Was braucht man, wenn Ziele nicht mehr helfen? Wie ‚arbeiten‘ Ziele und Optionen zusammen? Diese Fragen sollten diskutiert und genauer erforscht werden.

Die fundamentale Kritik an der Zielmethode und am Zielmanagement, die Verstärkung des Denkens in Chancen und der Realoptionsansatz mit seiner managerialen Extrapolation führen zu Optionen als einem alternativen Konstrukt zu den Zielen. Ziele sind out! Das stimmt so apodiktisch nicht, es ist etwas provozierend gemeint. Aber klar ist: Die ‚Ziele‘ müssen runter vom Sockel! Es interessiert das Wechsel- bzw. Zusammenspiel zwischen den ‚Zielen‘ und den ‚Optionen‘, zwischen den ‚Zielen‘ und den ‚Wegen‘; nicht selten heißt es: „Der Weg ist das Ziel.“ Zwar kann man einen Weg ohne (klares) Ziel gehen, aber ein Ziel ohne einen Weg dorthin ist sinnlos.

Das alleinige Vorgeben von Zielen kommt einem Knochen-vorwerfen bzw. Friss’-Vogel-oder-stirb’ gleich. Der Übergang zu Optionen führt indes zum Denken in Möglichkeitsräumen und schließlich zu einem Management solcher Optionen. Die Vermittlung zwischen den beiden Konstrukten könnte darin bestehen, dass man grundsätzlich zunächst mit Zielbezug vorgeht, solange man sich auf dem Boden einigermaßen stabiler und ‚sicherer‘ Prämissen und Modelle wähnt, und dass man sich im Bereich komplexer und unsicherer Sachverhalte in den Optionsmodus begibt.

Und im Übrigen sind Ziele in Krisen sowie in Notsituationen und Katastrophen trivial. Natürlich will jeder sehr schnell und mit einem Minimum-Schaden aus dem jeweiligen Problem raus, das ihn getroffen hat. Dazu helfen nur die verfügbaren und möglichst schnell wirksamen Optionen… und keine Ziele. – Verschärfend kommt die Erkenntnis hinzu: „Ein bisschen Krise ist eigentlich immer!“

# Management in einem komplexen und unsicheren Umfeld

6

Naturgesetzliches Fakt ist: Nichts in der komplexen Welt verhält sich „normal". Es gibt keinen „Regelfall". Vielmehr ist alles, was geschieht ein Einzelfall; Geschichte wiederholt sich nicht. In einer realen, d. h. komplexen Situation herrscht grundsätzlich Chaos. (Scheinbare) Planungssicherheit ergibt sich nur, wenn man die Komplexität künstlich aus den Dingen, den Prozessen, den Fabriken, aus unserem Leben heraushält (Vollmer 2014, S. 112). Die Wissenschaft versucht beständig, die Sphäre des Komplizierten, des (Noch-)Abbildbaren, des (Noch-)Planbaren, des (Noch-)Beherrschbaren auszudehnen. Und trotzdem wird immer eine Grenze bleiben, hinter die wir (noch) nicht blicken können. Deshalb müssen wir uns überlegen, wie wir mit dem umgehen, das hinter diesem ‚Horizont' liegt. Dort ist das Terrain, das wahre (Wettbewerbs-)Vorteile bereithält. Ein ‚cleverer' (Achtung! Tautologie) Umgang mit dieser Sphäre verschafft uns zusätzliche Vorteile und sichert letztlich unseren anhaltenden Erfolg, unsere weitere Existenz.

## 6.1 Kompliziertheitsmanagement versus Komplexitätsmanagement

Bei vielem, was mit ‚Komplexitätsmanagement' bezeichnet wird, handelt es sich um das Management von komplizierten Sachverhalten, um Variantenmanagement, und um das Studieren komplizierter (*sophisticated*) Modelle. „Komplexitätsma-

4

© Springer Fachmedien Wiesbaden 2015
W. Vieweg, *Management in Komplexität und Unsicherheit*, essentials,
DOI 10.1007/978-3-658-08250-5_6

25

*nagement*" ist ein Oxymoron[1] (Vollmer 2014, S. 113). Obwohl sich die komplexe Welt dem Zugriff des (herkömmlichen; Einf. WV) Managements entzieht (Vollmer 2014, S. 116), reitet aktuell die Beratergilde auf dieser Welle (Vollmer 2014, S. 114). Das gibt ordentlich Geld.

Management ist Meta-Handeln und vollzieht sich auf einer bestimmten Abstraktionsebene, d. h. auf der Basis von Modellen, die auf bestimmten Prämissen beruhen. Daraus folgen bestimmte, konstruierte Modellkausalitäten, die das weitere bewusste Nachdenken rahmen. In diese Kategorie fällt auch das Zielmanagement (*Management by Objectives*).

Komplexitätsmanagement, so heißt es (vgl. wikipedia Komplexitätamanagement), sei die (agile) Koordination von unternehmerischen Aktivitäten unter der Bedingung von relativer Wahrscheinlichkeit und reduzierten Risikoerwartungen. Um dies leisten zu können, bilden Unternehmen Quasi-Objekte, dynamische Systeme, aus, mit denen sie ihre Eigendynamik stabilisieren und damit in einer fiktiv angenäherten Welt über Erfolg/Nicht-Erfolg entscheiden können. Ein Management von (echter) Komplexität gelingt allerdings erst auf der Grundlage einer ganzheitlichen Sichtweise und muss insofern über elementare Systemabstraktionen und Modellkonstruktionen hinausgehen. Für *Vester* ist gar eine vollständige Betrachtung von Komplexität prinzipiell nicht möglich (vgl. Schoeneberg 2014, S. 18–25, insb. S. 24).

Wie kommen wir aber weiter, wenn wir an der ‚Kante' des noch Abbildbaren angekommen sind? Wie verhalten wir uns, wenn wir mit Situationen und Sachverhalten zu tun haben, die wir rational nicht problemlösen können? Könnte man das dann als echtes „Komplexitätsmanagement" bezeichnen? Was ist jedoch in den Fällen der oben angesprochenen, bloß (subjektiv) gefühlten Komplexität, in denen wir mitsamt unserer Infrastruktur überfordert scheinen?

Im Umgang mit Komplexität und für das Management von (echter) Komplexität haben sich folgende heuristische Herangehensweisen herausgebildet (Vieweg 2013, S. 104):

- Fatalismus
- *Trial and Error*
- Intuition, ‚gesunder' Menschenverstand
- *Muddling Through*
- Simulation *(näherungsweise)*
- Kontingenzmanagement

---

[1] Laut Duden: Oxymoron = Zusammenstellung zweier sich widersprechender Begriffe in einem Kompositum oder in einer rhetorischen Figur (z. B. bittersüß, Eile mit Weile); vgl. Fußnote 2 auf S. 15.

- Fraktale Unternehmensführung
- Chaosmanagement
- *Management by Options*

Weitere Formen eines Komplexitätsmanagement, wie

- LFP *Light Footprint Strategie,*
- *Scrum* und
- Agiles (Projekt-)Management,

werden in Kap. 10 vorgestellt.

Der Fatalist lässt die Dinge auf sich zukommen, er wartet passiv auf einen für ihn günstigen Zufall. Bei ,*Trail and Error*' wird völlig ohne Konzept und Plan mit der Stange im komplexen Nebel herumgestochert in der Hoffnung, einen ,Treffer' zu landen. Diese Methode hat den Charme, dass sie ohne jegliches Vorwissen ,funktioniert', allerdings mehr schlecht als recht – aber immerhin. Die Intuition orientiert sich an einem nicht näher zu beschreibenden und zu erklärenden (Bauch-)Gefühl. Man horcht in sich hinein und … tut dann etwas, oder auch nicht. All dieses Tun oder Nichttun birgt Chancen, aber auch nicht kalkulierbare Risiken. Deutlich geringer ist das immanente Risiko beim Durchwursteln (*Muddling Through*) (Lindblom 1976; Mintzberg 2011, S. 245). Hierbei bewegt man sich mit (inkrementell) kleinen Schritten quasi-reversibel voran. Man folgt den Entwicklungen ohne eigene Strategie und entscheidet sich immer für dasjenige, was aktuell am vorteilhaftesten, was opportun zu sein scheint.

Die Methode des Durchwurstelns hat eine gewisse wissenschaftliche Beachtung und Anerkennung erfahren. Das *„Auf-Sicht-Fliegen'* hat sehr viel mit dem Entlanghangeln an den erkannten Möglichkeiten gemein. *Wolf* schreibt: „*Komplexität, Unberechenbarkeit und Unvorhersehbarkeit beherrschen nicht nur Politik und Wirtschaft, sie machen das Leben des Einzelnen mehr und mehr zum nicht mehr kalkulierbaren Projekt. Und wie für die Politiker gilt auch für den einzelnen Bürger: Das Durchwursteln, Improvisieren, Kompromisse machen, das Auf-Umwege-zum-Ziel-Kommen sind zu Unrecht unterschätzte, oft verachtete Problemlösungsstrategien. In Wahrheit sind sie heute die erfolgreichsten Wege zu unseren Lebenszielen, und sie helfen am besten, wenn es um die Bewältigung des Alltags geht. Das Durchwursteln ist zu einer Kernkompetenz der modernen Lebensgestaltung geworden*" (Wolf 2012, S. 20 f.).

Wem das Voranschreiten auf der Realebene zu riskant scheint, der könnte versuchen, sich – und auch anderen – bestimmte Zusammenhänge erst einmal näherungsweise simulativ zu verdeutlichen und plausibel zu machen. Ein Durchspielen des „*Was wäre, wenn…?*" ist nur in Ausnahmefällen real möglich; ansonsten muss man sich dazu entsprechender Simulationsmodelle bedienen, die jedoch, wie gesagt, ihre Grenzen haben (vgl. Abschn. 2.1).

# Kontingenzmanagement (*emergenter Ansatz*)

7

Im Leben muss man aufgrund der überall obwaltenden Komplexität immer darauf gefasst sein, dass alles ganz anders kommen kann. Natürlich wäre man völlig überlastet, wollte man sich auf jeden Eventualfall (die sich letztlich alle gar nicht aufzählen ließen...) vorbereiten. *Beyes*, ein Schüler von *Gross* (2002), hat unter Rückgriff auf die 10 Managementregeln von *Weick* (1985, S. 346 ff.) folgende ‚praktische' Ratschläge – gewissermaßen als Destillat – für Kontingenzmanager aufgestellt (sinngemäß Beyes 2003, S. 291 ff.):

- Hohe Sensibilität: auf schwache Signale achten, breites Radar, hohe Aufmerksamkeit und Achtsamkeit (*Alertness*)
- Interpretieren der Informationen, Durchdenken und -spielen (denk-)möglicher Konsequenzen. Zusammenhänge herstellen, über Zusammenhänge spekulieren. Gedankenvielfalt fördern (Simulation)
- Management ist ein permanenter Prozess des Voranschreitens, wobei „*die Wegkarte erst während des Gehens gezeichnet wird!*"
- Flexibilität. Perspektiven wechseln, sich in den/die anderen hineinversetzen (Pluralität). Verkomplizieren Sie sich!
- hohe Reaktionsfähigkeit durch hohe Problemlösungsfähigkeit und gesteigerte Binnenkomplexität (Ressourcen, Potenziale und Optionen)
- höhere Sicherheit, um Unsicherheiten besser aushalten zu können (Stabilität und Fehlertoleranz)

© Springer Fachmedien Wiesbaden 2015
W. Vieweg, *Management in Komplexität und Unsicherheit*, essentials,
DOI 10.1007/978-3-658-08250-5_7

*Beyes* schreibt: Nehmen Sie Abschied von der Vorstellung sicherer Lösungen...
Es gibt nicht *die* Lösung; es gibt nicht *die* Strategie. Die Anzahl an Handlungs-
alternativen ist prinzipiell unbegrenzt. Denken Sie in Portfolios! Halten Sie sich
Optionen offen!

Gewissermaßen ergänzend fasst *Krönung* die wichtigsten Punkte einer fraktalen Unternehmensführung wie folgt zusammen (Krönung 2007, S. 131):

- Lern-orientiert. Keine ewig gültigen Wahrheiten, sondern permanentes
  Lernen
- Missions-orientiert. Vorbild und Karriere im Dienste des Unternehmens
- Energie-orientiert. Kontinuierliche Bereitstellung positiver Energie
- Vertrauens-orientiert.

# Chancenmanagement 8

Klagen, ohne zu leiden, ist *die* generelle Attitüde der Kaufmannszunft. Insofern neigen gelernte Kaufleute dazu, (vermeintliche) Risiken besonders herauszustellen – es liegt ihnen im Blut. Aber: Risiken und Chancen gehören zusammen. Chancen und Risiken sind die beiden Seiten ein und derselben Medaille. Es wimmelt allerorts von Risikomanagern, Chancenmanager gibt es hingegen keine. Am Stellenmarkt werden unablässig Risikomanager (*Riskmanager*) und -innen gesucht, ChancenmanagerInnen sucht indes niemand. Man sollte zumindest mal eine Stellenbeschreibung für eine solche ChancenmanagerIn entwerfen! Im Fußball herrscht die Erkenntnis: Nur Torverhinderer gewinnen kein Spiel. – *Business* hat direkt mit dem Aufspüren und Nutzen von Chancen zu tun, aber ein „Chancenmanagement" hat sich weder in der Managementlehre noch in der -praxis herausgebildet. Das ist überaus erstaunlich! Gleichwohl das Chancenbewusstsein nimmt zu: seit 2005 verlangt der Lagebericht nicht nur – wie bis dahin – einen Risiko- sondern ausdrücklich auch einen Chancenreport (§ 289, Abs. 2, Nr. 2 HGB); allerdings wird in der Praxis noch zu wenig daraus gemacht.

Auf die Vorliebe von *Max Weber* ‚Chancen' gegenüber wurde schon hingewiesen. *Schwab*, Gründer und Präsident des Davoser Weltwirtschaftsforums, hat sich sehr weitsichtig in seinem Buch „Chancenmanagement" (Schwab 1976, S. 82 ff.) genau über dieses ausgelassen. Es wäre für das aktuelle Nachdenken ausgesprochen lohnend, dieses Buch heute wieder einmal zur Hand zu nehmen. *Lück*, seines Zeichens Wirtschaftsprüfer, entwickelte – inspiriert durch die Diskussionen

© Springer Fachmedien Wiesbaden 2015
W. Vieweg, *Management in Komplexität und Unsicherheit*, essentials,
DOI 10.1007/978-3-658-08250-5_8

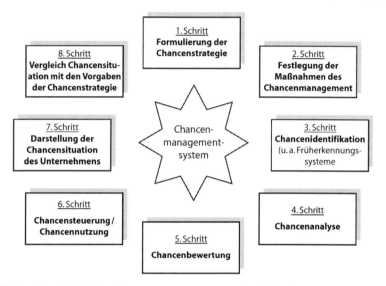

**Abb. 8.1** Regelkreis eines Chancenmanagementsystems (nach *Lück*)

um das KonTraG[1] – das Konzept eines Chancenmanagementsystem (Lück 2001), leider ohne sich auf *Schwab* (u. a.) zu beziehen, und leider sehr formal und bürokratisch, eben in der Art eines Wirtschaftsprüfers. Aber gleichwohl, der Ansatz von *Lück* sollte weiterbedacht werden (vgl. Abb. 8.1).

*Pischetsrieder* forderte: „*Manager sollten nicht nur dann bestraft werden, wenn sie unvertretbare Risiken eingegangen sind, sondern auch, wenn sie erkennbare Chancen ausgelassen haben.*" Auch unser früherer Bundeskanzler *Schröder* hat im Zuge der damals geführten Gen-Debatte darauf hingewiesen, dass wir nicht nur die Verantwortung für das haben, was wir tun, sondern auch für das, was wir nicht tun … weil wir heute nicht wissen (können), was wir morgen wissen werden. Und der Managementlehrer *Drucker* bemerkte: „*Die Aufgabe eines Managers besteht darin, die Ressourcen und die Leistungen des Unternehmens auf Chancen zu konzentrieren, die wirtschaftlich attraktive Ergebnisse versprechen* (Drucker 1963)." Nach *Krönung* bedeutet ‚*unternehmerisches*‘ Denken (Krönung 2007, S. 184) vor allem dieses nicht als bedrohliche Erkenntnis sondern als Chance zu begreifen, seine Umwelt aktiv gestalten zu können. Das ist der Trend. So wie aus der Krankenkasse die Gesundheitskasse wurde, wird gerade ‚Wagniskapital‘ zu ‚Chancenkapital‘. Und ebenfalls auf unsere Bundeskanzlerin geht der Merksatz zurück: „*Wir müssen die sein, die die Chancen neuer Möglichkeiten ergreifen.*" (Vates 2014)

---

[1] KonTraG = Gesetz für Kontrolle und Transparenz (1998).

Das Optionsmanagement ist im Schnittbereich der drei, zuvor beschriebenen Basiskonzepte zu sehen (vgl. Abb. 9.1):

**Abb. 9.1** Die drei Basiskonzepte für das Management by Options

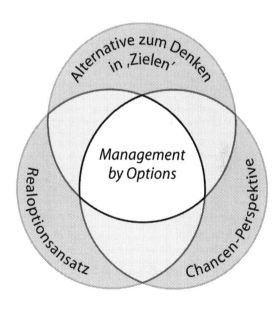

© Springer Fachmedien Wiesbaden 2015
W. Vieweg, *Management in Komplexität und Unsicherheit*, essentials,
DOI 10.1007/978-3-658-08250-5_9

Der Erste, der in neuerer Zeit die Options-Sicht explizit bearbeitet hat, war meines Erachtens 1994 *Gross* mit seiner „Multioptionsgesellschaft" (Gross 1994). In USA gab es um den Jahrtausendwechsel eine ausführliche Befassung mit einem Management von *Opportunities* (McGrath und MacMillan 2000). *Pritsch* war in Deutschland derjenige, der zuerst (2000) den rechnerisch-instrumentellen Optionsansatz in Richtung eines Managementmodells generalisiert hat (Pritsch 2000; Pritsch und Weber 2001). *Hommel* et al. gaben 2001 ihr Buch über den Einsatz von Realoptionen in der Unternehmenspraxis heraus (Hommel et al. 2001). 2003 habe ich mein erstes Buch zu diesem Thema veröffentlicht (Vieweg 2003). Besonders in diesem Zusammenhang hervorzuheben ist das Buch von *Hilpisch*, das die Weiterentwicklung vom rechnerisch geprägten Realoptionsansatz zur optionsbasierten Unternehmensführung gleichfalls vertieft behandelt (Hilpisch 2006).

Die voranstehende Literaturauswahl belegt, dass sich das hier thematisierte *Management by Options* als konzeptionelle Extrapolation des Realoptionsansatzes ergibt (vgl. Abb. 9.2, wobei die punktierte Linie die „*Grenze des Berechenbaren*" andeutet).

Das Kontingenzmanagement, die Fraktale Unternehmensführung und das Chaosmanagement als extremste Formen des Komplexitätsmanagement sind nicht-formalisierte Methoden für den Umgang mit einer komplexen und unsicheren Welt. Es handelt sich um Methoden, die auf Erfahrungswissen und auf eine entsprechende Form der vernetzten, (ergebnis-)offenen Kommunikation zurückgreifen, und vor allem von einem adäquaten, agilen Weltverständnis getragen werden und profitieren. Auch wenn man zugesteht, dass es keine Erfolgsrezepte gibt, ist diese nicht-formalisierte Methodik trotzdem nicht jedermanns Sache. Ideal wäre ein Ansatz, der konsistent zu unserer als kontingent erkannten Welt ist, der aber dennoch einem gewissen formalen Rahmen folgt. Genau das will das *Management by Options* leisten (Vieweg 2013, S. 127).

Das Optionsmanagement lebt von ‚guten' Vorbereitungen, von ‚belastbaren' Vorleistungen und integriert insofern das Glück desjenigen, der (zufällig) ‚gut' vorbereitet im ‚richtigen' Moment am ‚richtigen' Ort ist. *Management by Options* ist zufalls- und glückskompatibel und schließt konzeptionell wie auch praktisch Zufalls- und spekulative Momente mit ein (s. Pillkahn 2013). Es macht in diesem Zusammenhang durchaus Sinn, vom ‚*Glück des Tüchtigen*' (*Fortune*) zu sprechen. Zufall und Glück werden dadurch im Sinne der Optionsmethode (akademisch) hoffähig.

Das Optionsmanagement hantiert nicht sofort mit ‚harten' Optionen, wie es die Finanzoptionen darstellen, bei denen bei Abschluss des Deals alle Details vertraglich fixiert werden. *Management by Options* arbeitet mit eher ‚weichen' Optionen und ist bestrebt, diese ‚weichen' Optionen sukzessive derart anzureichern, dass sie

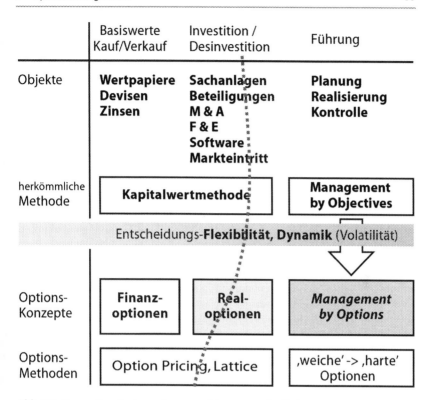

**Abb. 9.2** Konzeptionelle Ausweitung zum *Management by Options*

sich durch eben diesen Managementprozess zu ‚harten' Optionen wandeln, so dass sie letztlich

- konkret/präzisiert,
- exklusiv (nicht kompetitiv),
- unkonditioniert,
- nicht probabilistisch (nicht mit bestimmten Eintrittswahrscheinlichkeiten versehen, sondern ‚gewiss')

werden.

Es geht keineswegs um ein kategorisches Entweder-Oder zwischen der Ziel- und der Optionsmethode (vgl. Abschn. 5.4). Es kann, insbesondere in einer Einführungsphase (*Transition*), immer nur um einen Mix beider Methoden gehen. Ob

es sinnvoller/ökonomischer ist, weiterhin mit Zielen oder zunehmend bzw. aus-
schließlich mit Optionen zu arbeiten, hängt von der Stabilität und Überschaubar-
keit bzw. von der Komplexität, Dynamik und Unsicherheit der jeweils anstehen-
den Entscheidungssituation ab. Je höher das Tempo des Lebens, der Wirtschaft
etc. wird, je mehr Handlungs- und Erlebnisepisoden sich pro Zeiteinheit ereignen
(Rosa 2005, S. 114), umso mehr wird man zu den Optionen rücken müssen. Je
komplexer und je dynamischer unsere Welt wird, desto adäquater, mithin desto
maßgeblicher wird das Denken in und das Managen von Optionen. *Förster* und
*Kreuz* schreiben: *„Managementsysteme müssen neu justiert werden: Mehr Optionen, mehr Experimente, weniger große Visionen, weniger rigide Strategien – so
sieht die neue Voreinstellung der Systeme aus"* (Förster und Kreuz 2010, S. 187).

# Weitere Formen des Komplexitätsmanagement

**10**

## 10.1 LFP Light Footprint Strategie

Es gibt ein – zum vorliegenden Thema konsistentes – Akronym, das zwar nicht so ganz neu ist, sich aber immer mehr im Management-Kontext nach vorne schiebt: VUCA. V steht für *Volatility*, U für *Uncertainty*, C für *Complexity* und A steht für *Ambiguity* (wikipedia *Volatility*, Internet *Kinsinger, Walch* sowie Bouée 2013, S. 46). VUCA haben in den Mitt-90ern die US-Militärs kreiert und beschreiben damit die geänderte Situation, der sich eine große Militärmacht wie die USA in neueren Zeiten – nach den ehemals einigermaßen klaren Verhältnissen des Kalten Krieges – gegenüber sieht. Wo der Feind heutzutage steht, ist kaum noch auszumachen. Der weltweite Terror, Irak, Afghanistan, auch Libyen und die Piraten-Attacken vor Somalia, zeigen bzw. haben gezeigt, dass auch große Armeen mit gewaltigen Ressourcen kaum etwas gegen einen Feind ausrichten können, der sich mit gekaperten Flugzeugen in Wolkenkratzer stürzt und/oder selbst Frauen und kleinen Kindern Bombengürtel umschnallt und alles in die Luft sprengt und im Übrigen mitten in der zivilen Bevölkerung untertaucht und/oder sich in irgendwelchen Berghöhlen versteckt.

In einem solchen Environment kann überhaupt nur Erfolg haben, wer unablässig alles beobachtet und wer in der Lage ist, hochsensibel auch schwächste Signale aufzuspüren und inmitten des großen Datenrauschens (*Big Data*) wahrzunehmen. Wem es gelingt, den Feind auszuspähen, der kann dann mit Drohnen und kleineren Spezial-Einsatzkommandos zielgenau zuschlagen und den Feind wirksam treffen – das genau meint die LFP *Light Footprint Strategie*, die besonders Präsident *Barack Obama* (Wieseltier 2013) propagiert und mit der man versucht, auf den neuen militärischen Zeitgeist (Bouée 2013, S. 49) zu reagieren. Alles andere führt

© Springer Fachmedien Wiesbaden 2015
W. Vieweg, *Management in Komplexität und Unsicherheit*, essentials,
DOI 10.1007/978-3-658-08250-5_10

zu einem gigantischen Aufwand für ohnedies hochstrapazierte Haushalte, zu einem gewaltigen eigenen Risiko und/oder zu hohen kollateralen Schäden. Diese Erkenntnis übertragen auf die ebenfalls volatile, ungewisse, komplexe und vieldeutige (VUCA-)Welt heutiger Manager bedeutet, dass auch sie ständig sehr empathisch ihr Umfeld durch-browsen und erspüren sowie sich sehr vielfältig mit unterschiedlichsten Optionen vorbereiten müssen, um dann im ‚richtigen' Moment präzise ihre ausgemachten Chancen realisieren zu können. Also LFP passt auch hier.

Eine konsistente Antwort auf VUCA in der Business-Welt und somit auf die LFP-Methode fürs Management in einem komplexen und unsicheren Umfeld stellt sozusagen das Options- und Chancenmanagement dar (Vieweg 2003, 2013). Hierbei wird auch – im Sinne einer Vorleistung – empathisch beobachtet und recherchiert, es werden Vorbereitungen – mit der Erlangung eines Optionsanrechts – getroffen und es wird dann die weitere Entwicklung verfolgt und – aktiv! – abgewartet, um dann im vermeintlich richtigen Moment präzise seine mit den betreffenden Optionen verbundenen Chancen zu realisieren, und so weiter, und so fort.

Proaktives Optionsmanagement ist im Gegensatz zum herkömmlichen Zielmanagement (à la *Drucker*) in komplexen und unsicheren Management-Situationen erfolgreich einsetzbar. Ziele lassen sich eigentlich in einer global vernetzten, hoch dynamischen Umwelt nicht mehr verlässlich formulieren. Deshalb nützen Visionen, Strategien und Budgets nur noch äußerst begrenzt, denn man weiß eigentlich nicht mehr, wo man sinnvollerweise die Zielscheibe hinhängen soll, so wie das Militär nicht mehr genau weiß, wo der Feind sich gerade befindet.

Schnelles Entscheiden und Reagieren ist nicht immer Garant für den Erfolg (Collins und Hanson 2011), wie heutzutage oft fälschlicherweise geglaubt wird. Optionsmanagement in einer VUCA-Business-Welt bedeutet vielmehr (pro-)aktives, vorbereitendes Abwarten bis eine vermeintlich günstige Konstellation eintritt, auf die man glaubt, mit einem clever gemanagten Optionsbestand, dessen Größe eine Funktion der Erfahrung darstellt, hinreichend gut vorbereitet zu sein, um adäquat und erfolgreich – im Sinne einer Realisierung der vermuteten Chancen – reagieren zu können. Hält man im eigenen Portfolio keine auf die akute Problemstellung passende Option, dann kann man eigentlich nicht reagieren, aber, wir wissen, auch Nichtstun (ver-)ändert die Situation/die Welt… nur haben wir es dann nicht mehr selbst in der Hand, gleichwohl tragen wir auch dafür die Verantwortung.

## 10.2   Das Scrum-Prinzip

Die IT-Entwickler hatten mit *Scrum* begonnen, weil sie verstanden haben, dass die häufig auftretenden Probleme in großen und komplizierten Software-Projekten in aller Regel nicht auf dem Unvermögen des Projektleiters sondern auf einer nicht-adäquaten Vorgehensweise beruhen. Eine neue Methodik musste her. Als offizielles Kick-Off gilt das so genannte *Agile Manifesto*, das im Februar 2001 formuliert und unterzeichnet wurde (Internet *AgileManifesto*). Die im Manifest niedergelegten Werte sind die ideologische Basis für das *Srum*-Prinzip; dort heißt es leicht verkürzt:

*Wir schätzen…*

- ***Individuen und Interaktionen*** *mehr als Prozesse und Werkzeuge,*
- ***Funktionierende Software*** *mehr als umfassende Dokumentation,*
- ***Zusammenarbeit mit dem Kunden*** *mehr als Vertragsverhandlung und*
- ***Reagieren auf Veränderung*** *mehr als das Befolgen eines Plans.*

*Scrum*[1](Gloger und Margetich 2014) ist ein leichtgewichtiger agiler Ansatz für ein inkrementelles Projektmanagement, das schnelle und effektive Softwareentwicklung fördert (Internet *Scrum-Master*). Dabei folgt *Scrum* einem Schritt-für-Schritt-Ansatz und fokussiert auf Wertschöpfung, Teamverantwortung und das enge Einbeziehen der Kunden (*Product Owner*). In einer *Scrum*-basierten, agilen Entwicklung eines IT-Produktes wird gemeinsam mit dem Auftraggeber ein minimaler Projekt-Einstieg definiert. Im Zuge der weiteren Projektarbeit wird die gewünschte System-Funktionalität sukzessive weiter präzisiert und ergänzt. Bereits lauffähige Projekt-Module werden umgehend möglichst praxis- bzw. marktbezogen getestet und ggf. modifiziert.

Die *Scrum*-Methode empfiehlt sich für komplizierte Projektaufgaben jeder Art. Aus dem direkten Einbezug der Auftraggeber in die Projektarbeit und durch das inkrementelle Vorgehen ergibt sich ein unmittelbares Anwender-Feedback. Damit können Fehlentwicklungen frühestmöglich erkannt und Entscheidungen ggf. frühzeitig korrigiert und die Konzepte angepasst werden. Ein Projekt ist nicht länger ein ‚*Closed Job/Shop*' oder eine ‚*Black Box*', sondern für alle *Stakeholder* transparent und jeder *Stakeholder* ist aufgerufen, nach seinen Möglichkeiten und mit seinen Optionen zum Gelingen des Projektes beizutragen.

*Scrum* hat etwas von *Muddling Through* und ist in der IT-Industrie bereits weit verbreitet, doch auch jedes andere komplexe (Nicht-IT-)Projekt kann, wie bereits angedeutet, durchaus von diesen Prinzipien profitieren; insoweit lässt sich *Scrum* auf das Management an sich übertragen.

---

[1] Scrum = „Gedränge" beim Rugby. 8 Spieler jeder Mannschaft stehen verhakt zusammen und schieben gegeneinander, um einen unter sich eingerollten Ball zu erobern und das unterbrochene Spiel somit fortzusetzen…

# Agiles (Projekt-)Management

Das klassische Projektmanagement folgt dem so genannten ‚*Wasserfallmodell*‘. Hierbei handelt es sich um ein lineares (nicht iteratives) Vorgehensmodell, das in Phasen organisiert wird. Es startet immer mit der Erstellung und Verabschiedung eines verbindlichen Lasten- und Pflichtenhefts. So hat jede der sich anschließenden Projektphasen einen vordefinierten Start- und Endpunkt mit eindeutig definiertem Ergebnis. Dabei gehen die Phasenergebnisse wie bei einem Wasserfall immer als bindende Vorgaben in die nächsttiefere Phase ein. In Meilensteinsitzungen am jeweiligen Phasenende werden die Ergebnisdokumente verabschiedet. In der betrieblichen Praxis gibt es viele Derivate des reinen Modells (wikipedia *Wasserfallmodell*). Aber das starre und bürokratische Abarbeiten der verabschiedeten Projektpläne führt bei komplizierteren Aufgabenstellungen oft in schwerwiegende Problemsituationen oder gar zum Scheitern des Projekts. Mit Nichtwissen behaupte ich, dass sich solche großen, (lokal-)politischen Projekte, wie z. B. die Hamburger Elbphilharmonie und der Hauptstadtflughafen Berlin-Brandenburg, nicht so desaströs entwickelt hätten, wenn man dabei mit einer flexibleren (agilen) Methodik zu Werke gegangen wäre.

*Scrum* (s. o.) hat sich von dem klassischen, starren Lasten-/Pflichtenheft verabschiedet. An dessen Stelle ist das agile *Product Backlog* getreten, das jederzeit von den Projekt-*Stakeholdern* revidiert werden kann. Geschmeidig und in enger Abstimmung aller Beteiligten folgt man dem Pfad des intersubjektiv wichtig Scheinenden und des Möglichen. Hier gibt es gemeinsame *Sprints*, aber keine brachialen Kraftakte, es wird nichts vertuscht, es gibt kein Schwarzer-Peter-Spiel. Wenn man merkt, dass man nicht weiterkommt, muss man andere Optionen ziehen, andere Wege gehen oder das Projekt in letzter Konsequenz gemeinsam abbrechen (‚*option to abandon*‘).

© Springer Fachmedien Wiesbaden 2015
W. Vieweg, *Management in Komplexität und Unsicherheit*, essentials,
DOI 10.1007/978-3-658-08250-5_11

Noch einmal: Beim „*Agilen Projektmanagement*" (Internet *Weißgraeber*; Internet *Drach, Walch*; Internet *Eschen*; Vieweg 2014) geht es um die fundamentale Frage, wie wir Menschen bei der Gestaltung unserer Zukunft generell vorgehen. Welches Weltbild, welches Paradigma leitet uns bei der strategischen Steuerung unserer Geschäfte, immer dann wenn wir Neuland betreten, wenn wir kreativ/innovativ neue Ideen umsetzen wollen? Gehen wir davon aus, dass sich die Zukunft zuverlässig und quantitativ planerisch erfassen lässt? Oder sind wir hinlänglich verunsichert, so dass wir glauben, dass der Teufel im Detail steckt? Dass alle unsere Aktivitäten mit (mehr oder weniger großen) Risiken behaftet sind und immer – kontingenterweise – viel dazwischen kommen kann? Wie gehen wir mit Komplexität und Kontingenz um? *Niels Bohr* hatte schon erkannt, dass Planung schwierig sei, zumal wenn sie sich auf die Zukunft beziehe. Planung ist bekanntlich immer das Ersetzen des Zufalls durch den Irrtum!

Von Projektstruktur- und Netzplänen und vom ‚kritischen Pfad', von Gantt- und PERT-Diagrammen sowie von den DIN 69900f. kann man jungen StudentInnen etwas erzählen, aber nicht gestandenen und erfahrenen Projektmanagern, die schon so manches, zunächst aussichtslos scheinendes Projekt reanimiert und sodann durch kritisches Fahrwasser gesteuert haben. Für Letztere geben die ‚bewährten' Tools bestensfalls grobe Orientierung, meistens werden sie jedoch als bürokratischer Klimbim empfunden, der nur aufhält. Entscheidend sind immer wieder die Menschen, die gemeinsam mit großem Engagement das jeweilige Projekt entschlossen zum Erfolg bringen wollen, die dafür – einerseits – ungebremst all ihre Potenziale und Talente einbringen und die zugleich – andererseits – mit viel Feingefühl und Verständnis für das Ganze vorgehen. Konventionelles Projektmanagement hat etwas von ‚Malen nach Zahlen', wohingegen agiles Projektmanagement die Praxis selbst meint... und vom kunstvollen Bändigen und Nutzen der projektinhärenten Komplexität handelt.

# Geänderte Führungsstile 12

Was darf man nun als Folge eines geänderten Umganges mit der allgegenwärtigen Komplexität im Hinblick auf die Führung und das Miteinander in den Unternehmen erwarten? – Es darf spekuliert werden.

Mit der Frage nach den Auswirkungen einer agileren Entscheidungs- und Steuerungsmethode auf die Art und den Stil der Unternehmens- und Mitarbeiterführung ist zugleich die fundamentale Frage des Selbstverständnisses der Betriebswirtschafts- und der Managementlehre tangiert – auch Aspekte der Führungsethik schwingen mit.

Gute, erfolgreiche Spitzenmanager sind Generalisten, Allrounder. Sie sind gute Betriebswirte, sie können rechnen – aber das allein reicht nicht. Sie sind auch soziologisch und philosophisch ambitioniert und sie sind gute Psychologen. Sie haben sich mit Wirtschaftsethik, *Corporate Governance*, Fragen der Nachhaltigkeit und mit CSR *Corporate Social Responsibility* auseinandergesetzt. Sie müssen zu einem tiefen Nachdenken über das, was sie verantworten, fähig sein... und sie müssen ihr Geschäft und ihr Handwerk wirklich verstehen. Ein ganzheitlicher Ansatz und das Bewusstsein von (echter) Komplexität führt zu mehr Respekt, nachgerade zu Demut und Ehrfurcht vor den Sachen und den Prozessen, in denen man als verantwortlicher Manager steckt und die man versucht, bestmöglich und balanciert für alle *Stakeholder* zu lenken. Die neue Einstellung, Komplexität eben nicht länger reduzieren oder gar als Feind niederringen zu wollen, sondern anzunehmen und zu nutzen, verändert grundlegend und nachhaltig die Unternehmens- und Führungskultur.

Kein Verdrängen der Komplexität, kein *Simplify*, sondern man stellt sich der Welt, komplex, wie sie ist. Keine brachiale Grobschlosserei, sondern sensibel und

© Springer Fachmedien Wiesbaden 2015
W. Vieweg, *Management in Komplexität und Unsicherheit,* essentials,
DOI 10.1007/978-3-658-08250-5_12

filigran. Keine Haudrauf-Aktionen. Weniger *Rambo*, kein Turbo, mehr Gelassenheit (*coolness*). Weniger Macht und Druck ist im Spiel, weil es kontraproduktiv
wäre. Stattdessen mehr Analyse und mehr offene Kommunikation, weil möglichst
viele Aspekte berücksichtigt und ausgewertet werden sollen, mehr Verstehen.
Mehr *Diversity*, mehr Eleganz und Feingefühl. Komplexere, feinere Methoden und
Tools – man gelangt zu einem anderen Niveau, einem höheren Level.

Den *Fiedler*'schen Leistungsbusen[1] kann man vergessen. Menschen werden
nicht mehr an ihre Belastungsgrenze (Mehrarbeit, (Projekt-)Verantwortung trotz
unzureichender Kompetenz, Umsatz, Kundenakquise, Kostendruck, Verdichtung
der Arbeit, 24 h-Verfügbarkeit, Umgangston ...) getrieben, nicht mehr ausgebeutet
und ausgequetscht. Das Verbreiten von existenzieller Angst, Panik vor Arbeits-
platzverlust und sozialer Rückstufung entfällt. Weniger Burnout.

Management in Komplexität und angesichts der allgegenwärtigen, nunmehr
eingestandenen, akzeptierten Unsicherheit braucht den aufgeschlossenen und un-
voreingenommenen Intellekt aller Menschen, die zum Gelingen einer (Gemein-
schafts-) Aufgabe beitragen sollen/wollen/können. Das Menschenbild wandelt
sich.

Es ist nicht länger die Ära der Alpha-Menschen, nicht Rang in der Hierarchie
und Status zählt und die Zeit der Einschüchterer (Kramer 2006) ist endlich vorbei.
Das Rigide ist nicht mehr gefragt, sondern vielmehr Flexibilität und Geländegän-
gigkeit, (pro-)aktives, vorbereitendes Abwarten, Geistesgegenwart, Situationsko-
mik, Humor und Spaß. Lockerheit und Leichtigkeit, Leichtfüßigkeit.

Management herkömmlicher Art erinnert an Skiläufer, die, weil sie es nicht
wirklich können, mit Kraft ausstemmen und ihre Bögen mit einiger Gewalt herum-
reißen. Das ruckt und kostet viel Kraft, das Risiko zu stürzen ist groß. Ein solcher
Fahrstil ist nicht sonderlich schnell und es sieht nicht besonders gut aus. Dagegen
der Könner: er liest das Gelände, den Hang und den Schnee. Er lässt es laufen, fährt
flüssig, die Besonderheiten der Piste nutzend. Der Krafteinsatz ist unmerklich. Er
fährt sicher und elegant, er ist schnell und macht bei alle dem eine hervorragende
Figur. Analog dazu kann ein Tänzer, der die Schritte zählen muss, nicht tanzen. Er
sollte sich vielmehr in den Rhythmus der Musik und in die Bewegungen seines
Partners/seiner Partnerin einfühlen.

Manager, die sich gegen Komplexität und Unsicherheit stemmen, verbreiten in
aller Regel Stress, weil sie sich meist gerade selbst im Stress befinden. Manager
hingegen, die die Komplexität und die generelle Unsicherheit ihres Gewerbes nicht
verdrängen, überwinden das Silodenken (Bente 2014, S. 209 f.), hören auf zu ok-

---

[1] Fred Edward Fiedler, Jahrgang 1922, führender US-amerikanischer Industrie- und Organi-
sationspsychologe des 20. Jahrhunderts.

troyieren und Daten zu schaufeln, sondern beginnen in ihren Möglichkeitsräumen zu surfen. Empathie und Achtsamkeit ist angesagt. Die Hybris, alles – bis zum u. U. fatalen Beweis des Gegenteils – zu können, schwindet und Kraftmeierei wird durch seemännische Gelassenheit (Hinz 2009, S. 38) ersetzt. Es ist zu schön, um wahr zu sein: durch das agile Komplexitäts- und Kontingenzmanagement, durch proaktives Optionsmanagement anstatt einem ungelenken, bürokratischen Zielmanagement, gelangt das Management in eine postheroische Phase (Baecker 1994; Simon 2009; Hinz 2010) und eröffnet mithin zusätzliche Optionen für eine weitergehende Effizienz- und Produktivitätssteigerung, was in einem sich ständig verschärfenden Wettbewerb nie ein Nachteil ist...

Alles in allem, das Leben selbst ist die ‚oberste' Option. Insofern gilt:

➤ **Das Leben ist eine Option.**

Man empfängt diese *Over-All-Option* mit der Geburt. Jeder kann aus dem daraus abgeleiteten ‚Anrecht' etwas machen, er kann es aber auch bloß halten oder gar verwerfen und fallen lassen. Es liegt an jedem Einzelnen, wie er mit seinen Möglichkeiten, Chancen und Optionen umgeht. Ein Unternehmer bzw. ein Manager wird nur dann erfolgreich sein, wenn er es in jeder Situation versteht, seine Möglichkeiten, Chancen und Optionen zum Wohl aller Stakeholder zu kombinieren und zu nutzen, d. h. zu verwerten.

© Springer Fachmedien Wiesbaden 2015
W. Vieweg, *Management in Komplexität und Unsicherheit*, essentials,
DOI 10.1007/978-3-658-08250-5_13

# Was Sie aus diesem Essential mitnehmen können

- Motivation zu einer verstärkten Chancen-Perspektive
- Denkanstöße über Ihr aktuelles Geschäfts- und Entscheidungsumfeld
- Annäherung an eine Antwort auf die Frage: Was ist „Komplexität"?
- Anregungen zu einer Reflexion über bisherige und neue Managementmethoden
- Methodenempfehlungen für ein zeitgemäßes, adäquates Management
- Anstöße für einen Wandel zu einem humaneren Führungsstil

© Springer Fachmedien Wiesbaden 2015      49
W. Vieweg, *Management in Komplexität und Unsicherheit*, essentials,
DOI 10.1007/978-3-658-08250-5

# Literatur

Amram, M., & Kulatilaka, N. (1999). *Real options – managing strategic investment in an uncertain world*. Boston.

Aristoteles [1] (384–322 v. Chr.). *Metaphysik*. (Buch VII „Über die Substanz").

Aristoteles [2] *Metaphysik*. (Buch IX „Modalitäten der Substanz"), (drittes Substanz-Buch), (1–5) Möglichkeit, (6–9) Wirklichkeit

Baecker, D. (1994). *Postheroisches Management: Ein Vademecum*. Berlin.

Bauer, W., & Vieweg, W. (1980). Simulation. In E. von Grochla (Hrsg.), *Handbuch der Organisation (HWO)* (2. Aufl., S. 2063–2076). Stuttgart.

Bente, S. (2014). Kollaborative Enterprise-Architektur – Managementwerkzeug für komplexe IT-Systeme. In K.-P. Schoeneberg (Hrsg.), *Komplexitätsmanagement in Unternehmen*. Wiesbaden.

Beyes, T. (2003). *Kontingenz und Management*. Hamburg.

Black, F., & Scholes, M. (1973). The pricing of options and corporate liabilities. *Journal for Political Economy, 81*(3), 637–654.

Borsche, T. (2001). Möglichkeiten des Seins, Möglichkeiten des Denkens. Modalaussagen in der Geschichte der Metaphysik. In T. von Buchheim, C. H. Kneepkens, & K. Lorenz (Hrsg.), *Potentialität und Possibilität* (S. 317–332). Stuttgart-Bad Cannstatt.

Bouée, C.-E. (2013). *Light footprint management. Leadership in times of change*. London.

Bungard, W. (2002). Zielvereinbarungen – Renaissance eines „alten" Führungskonzepts auf Gruppen- und Organisationsebene. In W. Bungard & O. Kohnke (Hrsg.), *Zielvereinbarungen erfolgreich umsetzen* (2. Aufl., S. 17–35). Wiesbaden.

Collins, J., & Hanson, M. T. (2011). *Great by choice. Uncertainty, chaos, and luck – Why some thrive despite them all*. New York. (Deutsch: 2012 *Oben bleiben. Immer*. Frankfurt a. M).

Dahrendorf, R. (1979). *Lebenschancen. Anläufe zur sozialen und politischen Theorie*. Frankfurt a. M.

Dahrendorf, R. (1992). *Der moderne soziale Konflikt*. Stuttgart.

Drucker, P. F. (1955). *The practice of management*. London.

Drucker, P. F. (1963). Unternehmen effektiv führen. *Harvard Business Review, 11*, 95–97. (Wiederabgedruckt in Harvard Business manager).

v. d Eichen, S. A. F., Stahl, H. K., & Odenthal, S., Vollrath, C. (Dezember 2005). Steuern – statt reduzieren. *Harvard Business manager* (S. 114–123).

© Springer Fachmedien Wiesbaden 2015                                                                51
W. Vieweg, *Management in Komplexität und Unsicherheit*, essentials,
DOI 10.1007/978-3-658-08250-5

Ernst, H. (1997). Wer ist glücklich? *Psychologie heute, 3*, 20–27.

Foerster, H. v. (1973). On Constructing a Reality. In W. F. E. v. Preiser (Hrsg.), *Environmental design research* (Bd. 2, S. 35–46). Stroudsberg: Dowden, Hutchinson & Ross.

Förster, A., & Kreuz, P. (2010). *Nur Tote bleiben liegen. Entfesseln Sie das Potenzial in Ihrem Unternehmen.* Frankfurt a. M.

Gloger, B., & Margetich, J. (2014). *Das Scrum-Prinzip. Agile Organisationen aufbauen und gestalten.* Stuttgart.

Gross, P. (1994). *Die Multioptionsgesellschaft.* Frankfurt a. M.

Gross, P. (2002). Kontingenzmanagement. Über das Management der Ungewissheit. In F. Malik (Hrsg.), *mzsg forum.* St. Gallen.

Hilpisch, Y. (2006). *Options Based Management. Vom Realoptionsansatz zur optionsbasierten Unternehmensführung.* Wiesbaden.

Hinz, O. (2009). *Sicher durch den Sturm. So halten Sie als Projektmanager den Kurs.* Zürich

Hinz, O. (8. April 2010). Nach den Helden. Wirksames Projektmanagement ist postheroisch. *Changex.*

Hope, J., & Fraser, R. (2003). Beyond Budgeting. Wie sich Manger aus der jährlichen Budgetierungsfalle befreien können. Stuttgart.

Jellenko-Dickert, B., & Dickert, T. (2014). Die Sehnsucht nach Einfachheit. Leben hier und jetzt. In K.-P. Schoeneberg (Hrsg.), *Komplexitätsmanagement in Unternehmen* (S. 403–418). Wiesbaden: Springer Fachmedien.

Kafka, P. (1994). *Gegen den Untergang. Schöpfungsprinzip und globale Beschleunigungskrise.* München.

Kaplan, R. S., & Norton, D. P. (1997). *Balanced scorecard.* Stuttgart.

Kappler, E. (2004). Management by objectives. In G. v. Schreyögg & A. v. Werder (Hrsg.), *Handwörterbuch Unternehmensführung und Organisation* (S. 772–780). Stuttgart.

Kneidl, M., & Pfaffinger, H.-P. (1986). *Der Hebel-Effekt.* Regensburg.

Kramer, R. M. (2006). Die Stunde der Einschüchterer. In: *Harvard business manager* (7. Aufl., S. 82–95).

Krönung, H.-D. (2007). *Die Management-Illusion. Warum Erfolg nicht kopierbar ist und was Manager daraus lernen sollten.* Stuttgart.

Küstenmacher, W. T., & Seiwert, L. J. (2001). *Simplify your life. Einfacher und glücklicher leben* (15. Aufl.). Frankfurt a. M: Campus 2006.

Lindblom, C. E. (1976). Die Wissenschaft vom „Durchwursteln". In E. von Grochla (Hrsg.), *Organisationstheorie* (2. Teilband, S. 373–388). Stuttgart.

Locke, E. A., & Latham, G. P. (1990). *A theory of goal setting & task performance.* Englewood Cliffs.

Lück, W. (2001). Chancenmanagementsystem – neue Chancen für Unternehmen. *Betriebs-Berater, 56*(45), 2312–2315.

Luhmann, N. (1984). *Soziale Systeme. Grundriß einer allgemeinen Theorie.* Frankfurt a. M.

Malik, F. (2006). *Führen. Leisten. Leben. Wirksames Management für eine neue Zeit.* Frankfurt a. M.

McGrath, R., & Gunther MacMillan, I. (2000). *The enterpreneurial mindset: Strategies for continuously creating opportunity in an age of uncertainty.* Boston.

Mintzberg, H. (2011). *Managen* (2. Aufl.). Offenbach.

Opaschowski, H. W. (2006). *Das Moses Prinzip. Die 10 Gebote des 21. Jahrhunderts.* Gütersloh.

Patzak, G., & Rattay, G. (2014). *Projektmanagement: Leitfaden zum Management von Projekten, Projektportfolios und projektorientierten Unternehmen*. Wien.

Peske, T. (2002). *Eignung des Realoptionsansatzes für die Unternehmensführung*. Lohmar.

Pfläging, N. (2003). *Beyond budgeting. Better budgeting. Ohne feste Budgets zielorientiert führen und erfolgreich steuern*. Planegg.

Pfläging, N. (2006). *Führen mit flexiblen Zielen. Beyond Budgeting in der Praxis*. Frankfurt a. M.: Campus

Pfläging, N. (2009). *Die 12 neuen Grundsätze der Führung. Der Kodex: Warum Management verzichtbar ist*. Frankfurt a. M.: Campus.

Pfläging, N. (2010). Ziele werden maßlos überschätzt. *Brand Eins, 6*, 48–51.

Pfläging, N. (2013). *Organisation für Komplexität. Wie Arbeit wieder lebendig wird – und Höchstleistung entsteht*. Norderstedt: Books on Demand.

Pillkahn, U. (2013). *Die Weisheit der Roulettekugel. Innovation durch Irritation*. Erlangen: Publicis Publishing.

Pritsch, G. (2000). *Realoptionen als Controlling-Instrument. Das Beispiel pharmazeutische Forschung und Entwicklung* (Diss.) Wiesbaden: Gabler.

Pritsch, G., & Weber, J. (2001). Die Bedeutung des Realoptionsansatzes aus Controlling-Sicht. In U. von Hommel, M. Scholich, & R. Vollrath (Hrsg.), *Realoptionen in der Unternehmenspraxis* (S. 13–43). Berlin.

Reitmeyer, D. (2008). *Unternimm Dein Leben. Als Lebensunternehmer zu neuem Erfolg*. München.

Rosa, H. (2005). *Beschleunigung*. Frankfurt a. M.

von Rosenstiel, L., & Nerdinger, F. W. (2011). *Grundlagen der Organisationspsychologie. Basiswissen und Anwendungshinweise* (7. Aufl.). Stuttgart.

Sargut, G., & McGrath, R. G. (2011). Mit Komplexität leben lernen. *Harvard Business Manager, 11*, 22–34.

Schoeneberg, K.-P. (2014a). Komplexität – Einführung in die Komplexitätsforschung und Herausforderungen für die Praxis. In: K.-P. Schoeneberg (Hrsg.), *Komplexitätsmanagement in Unternehmen* (S. 13–27). Wiesbaden: Springer.

Schwab, K. (1976). *Chancenmanagement*. Düsseldorf.

Sennett, R. (1998). *Der flexible Mensch. Die Kultur des neuen Kapitalismus*. Berlin.

Simon, F. B. (2009). *Einführung in die systemische Organisationstheorie* (2. Aufl.). Heidelberg

Snowden, D. J., & Boone, M. E. (2007). Entscheiden in chaotischen Zeiten. *Harvard Business manager, 12*, 28–42.

Taleb, N. N. (2008). *Der Schwarze Schwan. Die Macht höchstunwahrscheinlicher Ereignisse*. München.

Taleb, N. N. (2012). *Antifragile. How to live in a world we don't understand*. New York: Random House Inc.

Vates, D. (2014). Lob der Kontaktlinse, in Berliner Zeitung vom 10. 12. 2014, Seite 5 unter Bezug auf die Rede von Bundeskanzlerin Dr. Angela Merkel auf dem 27. Bundesparteitag der CDU am 9. 12. 2014 in Köln

Vieweg, W. (2003). *Erfolg durch Management by Options. Eine Technik des Chancenmanagement*. Bad Kreuznach.

Vieweg, W. (2013). *Free Odysseus. Management by Options. Eine Technik des Chancenmanagement*. Berlin.

Vieweg, W. (2014). Google „#NoEstimates". *Ideen- und Innovationsmanagement, 3*, 89–92.

Vollmer, L. (2014). *Wrong turn. Warum Führungskräfte in komplexen Situationen versagen.* Zürich.

Vollrath, R. (2003). Die Berücksichtigung von Handlungsflexibilität bei Investitionsentscheidungen. In U. Hommel, M. Scholich, & P. N. Baecker (Hrsg.), *Reale Optionen: Konzepte, Praxis und Perspektiven strategischer Unternehmensfinanzierung* (S. 341–373). Berlin: Springer.

Weber, M. (1919). Politik als Beruf. o. O. 1919/2011

Weber, M. (1922). *Grundriß der Sozialökonomik, III. Abteilung, Wirtschaft und Gesellschaft.* Tübingen.

Weber, J., & Schäffer, U. (2001). *Balanced scorecard & controlling* (2. Aufl.). Wiesbaden.

Weick, K. E. (1985). *Der Prozeß des Organisierens.* Frankfurt a. M.

Wieseltier, L. (29. Januar 2013). Welcome to the era of the light footprint. Obama finally finds his doctrine. *Washington Diarist* .

Wolf, A. (2012). Sich durchwursteln: Die Kunst der Improvisation. *Psychologie Heute, 5, 20–25.*

Zerres, C. (2014). Notwendigkeit und Strategie eines Komplexitätsmanagement für variantenreiche Produkte – Ein Beitrag am Beispiel der Automobilbranche. In: K.-P. Schoeneberg (Hrsg.), *Komplexitätsmanagement in Unternehmen* (S. 289–308). Wiesbaden: Springer.

Zeuch, A. (Hrsg.). (2007). *Management von Nichtwissen in Unternehmen.* Heidelberg.

## Aus dem Internet

Aristoteles. Die Dinge, die das Gemeinwesen betreffen („Politik"); hier zitiert nach. http://de.wikipedia.org/wiki/Thales

Drach, A., & Mathis, C. http://improuv.com/sites/improuv/files/publikation/scrum-kompakt-download_0.pdf

Eschen, R. http://blog.rainwebs.net/wp-content/uploads/blue-scrum/blue-scrum-prozessmodell.pdf

Kinsinger, P., & Walch, K. Living and leading in a VUCA World. http://www.thunderbird.edu/article/living-and-leading-vuca-world

Weißgraeber, R. #NoEstimates-Vortrag. http://cdn.media.ccc.de/events/eh2014/mp4/eh14-5773-de-_NoEstimates_h264-hq.mp4

http://agilemanifesto.org/iso/de/ und http://agilemanifesto.org/history.html

http://de.wikipedia.org/wiki/Komplexitätsmanagement

http://de.wikipedia.org/wiki/Tulpenmanie

http://en.wikipedia.org/wiki/Volatility,_unvertainty,_complexity_and_ambiguity

http://de.wikipedia.org/wiki/Wasserfallmodell

http://www.dooyoo.de/finanzen-sonstige/optionen/724469/

http://scrum-master.de/Was_ist_Scrum/Grundidee_Entwickeln_in_Inkrementen

http://de.wikipedia.org/wiki/SMART_(Projektmanagement)